Tout ce qu'on ne vous a jamais dit sur la dette

Éditions Eyrolles
61, bd Saint-Germain
75240 Paris Cedex 05
www.editions-eyrolles.com

Avertissement
L'auteur livre ici un point de vue personnel
qui n'engage que lui-même.

ISBN : 978-2-416-01170-2

Mathieu Mucherie

Tout ce qu'on ne vous a jamais dit sur la dette

… à commencer par la manière de l'effacer proprement

atlantico
Éditions EYROLLES

Sommaire

Partie III
Objections

Partie IV
Remettre les dettes, mais pas tous les 10 ou 20 ans

Remerciements

Je ne remercierai jamais assez Loïk Le Floch-Prigent d'avoir eu la gentillesse de m'encourager dans ce projet. J'ai découvert un homme bienveillant et un industriel large d'esprit. Au cours de la rédaction, ses conseils, ses relectures et sa confiance ont beaucoup amélioré le texte. Je cherchais un co-auteur ou un parrain, et j'ai trouvé un ami.

Je remercie Gérard Thoris, dont les travaux pionniers sur ce sujet de la remise des dettes dès 2009, imités mais jamais égalés, m'ont mis sur la voie. Ma proposition est différente mais ma dette est grande.

Je remercie Jean-Sébastien Ferjou, pour les dialogues stimulants qu'il provoque et qu'il fait partager avec force et humour.

Je remercie Marie, pour sa douceur et pour sa grâce.

Je remercie mes parents, Myriam et Dominique, avec tendresse, amour et gratitude.

Introduction

Ce livre est un manifeste et il pourrait s'intituler *Voyage au pays de la dette, de la monnaie et de l'euro.*

On a contracté des dettes en votre nom, depuis des années, et on continuera à le faire, à haute dose, sans que ces engagements soient bien adossés comme jadis à des actifs qui permettront de les rembourser. La crise du Covid a ajouté une nouvelle strate de dettes sans collatéraux, en décimant ce qui restait de la base productive du pays censée payer la facture. Et vous pressentez que des dettes plus insidieuses, sociales, énergétiques ou environnementales vont sans cesse s'ajouter, tandis que vos enfants vous accusent déjà d'avoir saccagé mère Nature : nous ne sommes plus loin du moment où personne ne sera responsable de ce qu'il a fait, mais où nous serons tous responsables de ce que quelqu'un d'autre a fait.

Vous voilà lié à des engagements qui préemptent des années de revenus d'activité, sur lesquels vous avez bien peu de prise et une visibilité limitée, qui ne vous laissent aucune marge de manœuvre en cas d'accident, de divorce ou de licenciement. On peut dire que vous allez passer votre vie active à devoir la gagner, et sans que le fardeau soit significativement réduit pour les générations suivantes. En plus, on vous culpabilise et on vous intimide, dans la genèse des dettes comme dans leur paiement futur. Pour mieux vous tenir, on vous fait peur, par exemple avec les taux d'intérêt ou avec les impôts. Tout le système fonctionne à la peur. Ne songez pas à vous comporter comme des enfants capricieux, vous savez où cela mène ; faites des efforts, et retenez qu'il n'y a que deux acteurs dans cette pièce digne de *La Cigale et la Fourmi* : des orthodoxes droits comme la Justice, et vous, les grands enfants. On omet de préciser qu'il existe un troisième acteur, caché, monétaire, qui n'est pas pour rien dans la genèse du problème, et qui en bonne théorie très orthodoxe ne devrait pas être pour rien dans son paiement ; il est ahurissant de voir dans tous les débats à quel point la Banque centrale européenne (BCE) est dédouanée, et même félicitée.

Une grande partie de la dette a en fait déjà été logée dans le bilan de la banque centrale, mais un peu honteusement, sans doctrine, sans garanties, sans stratégie de sortie. Ce cantonnement particulier, cette séquestration dans le bilan, a déjà autorisé une certaine monétisation de la dette, dans un vaste jeu circulaire entre acteurs des marchés financiers : les banques centrales prennent des dettes dans leur bilan et elles fournissent du cash en retour, ce qui donne une impression de *création* monétaire là où il n'y a que *circulation* monétaire. Mais on se refuse encore à effacer ces dettes congelées alors qu'elles pourraient être gommées sans trop de heurts.

Vous seriez toujours endetté et obligé de travailler ; mais votre vie ressemblerait un peu moins à celle de Sisyphe, et divers chantages seraient bloqués. Les autorités vous diront qu'il s'agit là d'un doux rêve d'économiste, mais elles ne savent pas ce qu'elles disent ; et c'est l'objet de ce livre de vous montrer que cette remise des dettes dans le bilan de la banque centrale est rigoureusement nécessaire, parfaitement légale et réalisable, même si elle doit s'accompagner de certaines précautions, et de quelques réformes pour ne pas devenir une habitude.

Mais pour impliquer la BCE, il faut savoir au préalable ce qu'est une banque centrale, ou plus exactement ce qu'elle devrait redevenir. La banque centrale n'est pas la « banque des banques », ou une entreprise plus grosse que les autres, ou un acteur fédéral dépolitisé qui doit discipliner les nations et faire la police sur les finances publiques et privées. C'est une institution publique qui gère la monnaie : elle ne fait plus partie du gouvernement, et cela est très bien, mais elle devrait encore faire partie de l'État (ou des États, en zone euro, qui sont ses actionnaires), et cela nous l'avons un peu perdu de vue depuis qu'elle est installée à Francfort ; ce qui n'est pas pour rien, nous le verrons, dans notre endettement.

Il faut aussi se rendre compte à quel point la BCE est, dans cet univers particulier des banques centrales, très particulière.

La BCE est obsédée par son indépendance (le fait de n'avoir à rendre de comptes à personne, concrètement), ce qui est logique puisque c'est son actif clé ; mais elle dispose d'un statut unique au monde, anachronique, vestige d'un débat intellectuel très daté et d'un compromis franco-allemand plein d'arrière-pensées, qui la place au rang d'un juge (mais sans cour d'appel, sans cassation, sans même un droit de pétition).

Ajoutez qu'elle a solidifié ce statut par un long comportement de forteresse, un fort esprit de corps, un recrutement consanguin, une langue de bois en béton armé et, surtout, un fort goût pour la désinformation (car le jour où les gens réaliseront l'étendue de ses pouvoirs, elle les perdra à coup sûr). Toucher à son bilan (ses actifs tangibles), et au fond à son capital indépendantiste (son actif immatériel), c'est entrer dans une lutte sans merci ; mais c'est bien plus important que de discuter de choses qui au fond ne dérangent personne, comme un « ministre des Finances de la zone euro ».

On s'imagine souvent qu'un bilan de banque centrale ressemble à celui d'une banque commerciale ; il n'en est rien. Le bilan de la BCE peut s'étendre considérablement, n'a pas à être équilibré ou certifié, ce n'est pas un « bilan » dans le sens classique du mot : la distance est astronomique avant qu'on ne parle de recapitalisation, et *a fortiori* de faillite. Vu l'impasse économique dans laquelle nous sommes, la question devient : comment utiliser au mieux cette marge de manœuvre, et avec assez de sécurité, pour favoriser à la fois un dégonflement des dettes, un rééquilibrage des taux de change et un dégonflement de la bulle indépendantiste à Francfort ?

Je propose en effet de passer par le saint des saints, le bilan de la BCE, au moment où la taille de ce bilan a explosé à la hausse d'une façon inédite, où des actifs sont empilés sans stratégie. Ma proposition ne ferait que nuire temporairement à la « profitabilité » de la BCE, et de façon plus durable à son ego. Ce n'est pas sans risques, mais par rapport à ceux qui ne proposent rien et qui acceptent donc implicitement une hausse de la CSG ou de la TVA à partir de 2024 ou un empilement géologique des dettes, où se situe l'irresponsabilité ?

Tous les intervenants dans ce « débat » ne font que militer pour leur paroisse :

- La BCE ne défend pas tant la pureté de son bilan que son totem d'immunité. Moins les débats sont monétaires, plus ils sont structurels ou budgétaires, ou désormais bancaires et climatiques, et plus Francfort peut diffracter le blâme, rester sous le radar médiatique et garder le contrôle sur le seul levier qui compte, le seul en tout cas qui fait bouger les marchés. La conception maximaliste de son indépendance, qui confine au séparatisme, est le cœur de réacteur de tout le système : elle est assimilée à la confiance par les élites allemandes, elle a été digérée par les politiciens français (qui en sont morts), et n'est plus combattue même par des gens qui se disent libéraux et que l'on a connus plus sourcilleux en matière de contre-pouvoirs, de liberté des marchés et de transparence auprès du grand public. La remise des dettes est une (grosse) pierre dans ce jardin, pas question pour la BCE de la tolérer, même à titre expérimental et même pour des dettes Covid : elle préférerait encore se transformer en « *bad bank* » (avaler des tonnes de créances pourries), ou même faire des chèques à toute la population, plutôt que de céder ici un pouce de terrain.
- La gauche normalienne a besoin du budget des États-Unis pour financer ses lubies, et comme elle ne peut plus ponctionner les « fruits de la croissance » (il n'y a plus guère de croissance), elle cherche un trésor ; même si elle préférera toujours disserter à propos de nouveaux impôts ou de nouveaux textes contre les entrepreneurs, elle voit bien l'intérêt d'un vaste

magot pas trop mobile. Elle ne cracherait donc pas sur de l'argent gratuit en provenance de Francfort, mais elle est divisée et ne veut surtout pas passer pour populiste (tout en rêvant de reconquérir un jour ce qui reste du prolétariat, mais sans lui parler). On comprend que, pour elle, tout est budgétaire ou doit le devenir : une annulation des dettes dans le bilan de la banque centrale doit aussitôt être mise au service de nouvelles dépenses, sociales, environnementales, etc. C'est la meilleure façon d'agacer le clan d'en face, austéritaire, et donc de placer la BCE dans une position confortable d'arbitre.

- Les austéritaires et les *think tanks* patronaux sont des conservateurs, pas des libéraux. Derrière le ronron « il faut faire des réformes structurelles », le *statu quo* leur va en fait assez bien. Ils citent souvent Jacques Rueff et Milton Friedman mais manifestement ils ne les ont jamais lus. Rueff savait que les vraies réformes doivent être lissées par des réalignements monétaires majeurs ; c'est ainsi qu'il a participé deux fois à la reconstruction de l'économie du pays, une fois avec le franc Poincaré (vers 1926-1928), une fois avec le nouveau franc sous de Gaulle (vers 1959). Nous retrouverons son influence dans tout ce livre : quand il s'agira de caractériser les dettes en termes de « faux droits », quand il s'agira de trouver le meilleur moyen de les purger, par les taux de change, et à la fin quand il faudra proposer des voies de *reengineering* de l'État afin de ne pas retomber dans le même piège. Friedman a passé des décennies à se battre contre l'indépendantisme des banques centrales, a milité pour un financement monétaire des déficits, et il n'écartait en cas de crise grave ni une dépréciation de la monnaie ni un déversement de cette dernière auprès du grand public. Au fond, les conservateurs creusent leur propre tombe en ne se saisissant pas de la remise des dettes : ils se mettent en porte-à-faux avec les principes bibliques et avec la doctrine sociale de l'Église, ils jouent sans le savoir le jeu de leurs pires ennemis les bureaucrates qui créent des prix et des taux d'intérêt administrés, et *de facto* ils ouvrent en grand la voie à la hausse des impôts (ou du moins à leur non-baisse durable). En plus, ils ne sont pas cohérents, car s'ils s'opposaient à ce que la BCE puisse acheter massivement des actifs, alors ils ne devraient pas s'offusquer qu'elle puisse en faire disparaître une partie. En attendant, ils ne sont pas écoutés au-delà de leurs propres rangs, parce que le slogan « Faites des efforts » n'est pas un projet, et parce que chacun sent bien que si nous sommes tous égaux devant les efforts qu'ils réclament, certains seront plus égaux que d'autres.

- Les élites financières se réfugient dans une attitude fataliste et technicienne, qui vise à maintenir le *statu quo* le plus longtemps possible (jusqu'à leur retraite ?), à base de dettes roulées ou perpétuelles ou mutualisées à une échelle fédérale : minimiser, diluer, retarder les dettes, mais ne jamais les effacer, même quand elles ne servent plus à rien. Le refinancement quasi perpétuel des États à des taux d'intérêt nuls revient *in fine* au même qu'une annulation des dettes, nous disent-elles. Laissons faire les autorités sur la pente qu'elles connaissent par cœur, et cette absence durable de solution fera disparaître le problème, à la longue ? Pas vraiment. On ne peut pas exclure *a priori* des États du monde où les taux d'intérêt même gelés autour de 0 % seraient bien plus élevés que la croissance nominale (exemple de 2020…), ce qui nécessitera un jour un ajustement marqué des comptes publics et évincera du capital productif. Sans compter que cela suppose une glaciation soviétique des prix et des taux, autrement dit on doit neutraliser le thermomètre (le marché) durablement ; ce n'est ni gratuit ni anodin, surtout en zone euro où on a déjà neutralisé les taux de change et les trois quarts du marché du travail. On aimerait que les acteurs de marché défendent un peu plus le marché. D'autant qu'on ne peut pas exclure des scénarios pires encore, maintenant que la déflation s'installe. Des chantages de Francfort, par exemple ; ou une censure du tribunal constitutionnel à Karlsruhe, ou la fin de la partie de mistigri sifflée par Berlin. Le *statu quo* est de loin le scénario le plus désincitatif, le plus antidémocratique pour qui ne veut pas faire dépendre ses droits et son épargne du triangle des Bermudes germanique, et au fond le moins probable : on ne gèle pas pour des décennies une situation aussi baroque. Mais nos élites financières se focalisent sur des gains et des pertes de plus court terme, sont déjà très occupées à digérer des tonnes de réglementations (ESG…), et surtout elles ont tellement peur du qu'en-dira-t-on ? qu'elles préfèrent la politique de l'autruche accompagnée de prières pour des taux d'intérêt « plus élevés mais pas trop non plus ».

Dans tous ces points de vue, il n'est donc jamais vraiment question de la monnaie, de l'euro cher, ou des taux d'intérêt « bas » qui ne sont pas si bas si l'activité nominale déçoit. Il n'est question que du curseur budgétaire, celui que comprend l'opinion publique, pour qui la feuille d'impôt est une expérience vécue alors que les concepts monétaires restent stratosphériques. Et comme il est très facile pour la BCE de se positionner au centre de ce pseudo-débat, et comme elle se situe de nos jours au-dessus des marchés et des banques, elle réussit sinon à l'enterrer du moins à repousser toute action concrète au-delà de la survie à court terme du système. Très souvent, au nom de la défense de l'épargnant.

Pourtant, l'effacement des dettes dans le bilan des banquiers centraux, c'est peut-être la meilleure chance de l'épargnant, contrairement à ce qu'on nous raconte : sinon, ils maintiendront des taux d'intérêt compressés très longtemps (peut-être trop longtemps), et menaceront de faire ce qu'ils veulent de leurs titres dans leur bilan (ce qui déstabiliserait fortement les marchés). L'effacement enverrait un signal très net de détente monétaire, exactement l'effet qu'il faut atteindre dans une époque de japonisation rampante. Il nous rappellerait que la monnaie a aussi pour fonction l'apurement des créances, au-delà de ses trois fonctions traditionnelles conçues pour des mers calmes. Il constituerait une compensation après des années d'euro artificiellement trop cher parce que trop rare, ce qui donnerait sa chance aux forces productives : parler de « relocalisation » des activités industrielles avec un euro cher est parfaitement grotesque. Il aiderait également peut-être à réduire les anticipations d'accroissement futur des impôts. Il participerait enfin et surtout d'un nouveau « deal » institutionnel en zone euro, d'une limitation de la toute-puissance de la BCE : nous sommes ici dans un combat pour les libertés plus encore que dans un combat pour le pouvoir d'achat.

Et non, les dettes ne seront pas écrêtées par l'épisode d'inflation que nous connaissons depuis bientôt deux ans : ce n'est pas parce que l'on paye plus cher son gaz ou ses semi-conducteurs que l'on se retrouve moins endetté, *a fortiori* si la banque centrale répond à ce phénomène par des hausses de taux d'intérêt.

Puisque 30 % des dettes souveraines de la zone euro sont désormais logés dans le bilan de la BCE, et que tout le monde assure qu'elles y resteront longtemps, qu'elles y restent, mais écrêtées, et à des fins d'effacement. Pourvu que le débat ne reste pas trusté par le duopole hypocrite des cigales et des fourmis, ou par des mécanismes d'étalement dans le temps qui font fi des anticipations, des incitations et de l'équilibre des institutions, comme si nous avions des perspectives d'activité sympathiques devant nous, comme si la priorité était de renforcer encore plus notre dépendance à la BCE, comme si cette dernière était dotée du bilan d'une épicerie et que la moindre anomalie comptable entraînerait une avalanche de défiance ; alors que nous en sommes depuis 2007 à la 25e anomalie ; par exemple, la banque centrale fournit les liquidités aux banques commerciales depuis plus de quinze ans à la place du marché interbancaire, et elle le fait à des taux très attractifs jusqu'en 2024, selon des conditions qu'elle fixe elle-même, alimentant toutes les suspicions.

On cantonne déjà les dettes à tout-va, partout, depuis 2008 en fait. Compartimentation rime avec discrétion, dans les deux sens du terme. On les « monétise » aussi, plus ou moins bien. L'étape d'après, logiquement, c'est de les effacer.

★

Dans ce livre, je commence par poser les ordres de grandeur, et je montre la dangerosité des tendances en cours (partie I). Puis je propose une remise des dettes à l'intérieur du bilan de la banque centrale déjà gorgé de dettes souveraines et qui ne s'analyse pas comme un bilan ordinaire (partie II), en discutant ensuite de toutes les objections, bonnes ou mauvaises (partie III). Enfin, je propose des pistes de reconstruction du système budgétaire et monétaire afin que l'on ne se retrouve pas dans dix ou vingt ans au pied de la même montagne (partie IV).

Partie I

Mesurer les dettes et comprendre que seule une voie radicale sera à la hauteur

La déplaisante arithmétique des comptes publics et privés doit être rappelée, en insistant sur les dettes les moins connues, et sur la dynamique du système. Si elle ne mène pas forcément à une faillite, elle mène tout de même à une impasse, ou plus exactement à une forme de cercle sans fin, démoralisant pour tout le monde.

Les ordres de grandeur

Nous sommes comme des poissons dont le lac est asphyxié par des nénuphars à croissance exponentielle : après avoir ignoré la croissance du phénomène à ses débuts, nous croyons encore pouvoir nous en sortir « dans les règles » ; les pages qui suivent permettront d'en douter. Or, si la charge est vaine, ne faudrait-il pas penser aux moyens de l'alléger ?

Commençons par les chiffres officiels

Le constat : les niveaux (les stocks) d'endettement public sont perturbants, et les dynamiques (les flux de déficits) également. Même un marxiste-léniniste s'inquiéterait un peu.

Au préalable, une précision. Le PIB dont il est le plus souvent question au dénominateur des ratios d'endettement est un PIB réel, celui que nous connaissons ou croyons connaître, la somme de valeurs ajoutées, alors qu'il vaudrait mieux réfléchir sur les dettes à partir d'un PIB nominal, l'ensemble des revenus nominaux dans l'économie. Après tout, nous vivons dans un monde nominal. Nous recevons des salaires nominaux. Nous payons nos dettes en termes nominaux (à l'exception d'une fraction de dettes indexées). Une telle représentation aurait pour avantage de nous rappeler les deux moteurs de l'extinction des dettes (la croissance, c'est-à-dire le surcroît d'activité nette, ET l'inflation, c'est-à-dire le rôle des prix), ce qui ferait mieux le lien avec les responsabilités de la banque centrale que nous verrons, puisque le lien est très fort entre la croissance nominale et la masse monétaire. Hélas, ce n'est pas ainsi que les chiffres sont présentés le plus souvent. Un peu comme si nous étions encore à l'époque de l'étalon-or, sans capacité à influer, obligés de rembourser une dette qui jamais ne s'oxyde, comme l'explique Gérard Thoris[1].

Revenons au constat, qui est très simple. Les ratios d'endettement actuels du Japon n'ont jamais été atteints même dans l'histoire des défauts souverains : quand l'Argentine a fait faillite en 2002, sa dette publique ne représentait que 40 % de son PIB. Le ratio dette publique/PIB des États-Unis vient de dépasser le record enregistré en 1946. Quand Donald Trump évoquait en 2016 un remboursement intégral de la dette publique en dix ans, il ne devait pas consommer que des substances légales : ce scénario était impossible, même avec une croissance chinoise et une inflation brésilienne sur toute la période. Puis il a ajouté 7 000 milliards de dettes fédérales en quatre ans, dont la moitié en haut du cycle, avant le Covid. Et la machine s'emballe encore avec l'administration Biden animée de bonnes intentions (comprendre : financée par de gros déficits) : déjà 2 000 milliards de

1. Gérard Thoris, « De la crise des collatéraux à la remise des dettes publiques », *Revue d'économie financière*, n° 100, décembre 2010, p. 43-67.

plus engagés, sans compter un plan de relance « contre l'inflation » *(sic)* destiné à soutenir les clients des démocrates et plus encore leurs parrains. Cela dope le cycle des affaires, mais ces plaisirs violents ont souvent des fins violentes. Personne ne s'en inquiète vraiment ; car les mentalités ont évolué vite, or elles produisent les politiques de demain et les chiffres d'après-demain : en moins de dix ans, on est passé de la mode un peu dingue des *Tea Party* à un paléo-keynésianisme sous stéroïdes. Rendez-nous Sarah Palin !?!

Il en va de même partout en Europe occidentale. Soit à cause d'un gros boulet initial de dette qu'il faut transporter (Italie), soit en raison d'une dérive inquiétante des dépenses (Angleterre, Espagne, France), soit du fait de mauvais choix énergétiques, militaires, migratoires (Allemagne). **Avant, pendant et après le Covid-19, et sans respect aucun pour les affiliations partisanes ou pour les arrangements institutionnels.** Prenez la dette publique de l'Espagne, qui passe de 39 % du PIB en 2007 à 120 % fin 2020 : concrètement, cela signifie que, sur la période, les Espagnols qui ont créé 150 milliards d'euros de richesse en plus se sont chargés de 900 milliards de dettes (rien que pour les dettes publiques). En passant des points de pourcentage du PIB en argent concret, on visualise mieux le caractère intenable et au fond absurde de la trajectoire[2].

2. Et il est probable que notre façon de compter tout cela minore encore le poids et la croissance des interventions publiques car jamais on n'intègre les dépenses croissantes (qui pousseront aux déficits, et qui diminueront la capacité à les porter) liées à la réglementation : comparez ainsi en France un Code de l'urbanisme ou un Code du travail d'aujourd'hui avec un code d'il y a quarante ans…

Ce sont essentiellement des transferts, des dépenses, pas des investissements. Bien entendu, la crise de 2007-2008 et les chantages de la BCE entre 2009 et 2015 ont considérablement alourdi la note ; mais aujourd'hui la quasi-totalité des États se précipitent pour emprunter des centaines de milliards comme s'ils n'allaient jamais les rembourser (tout en prétendant qu'ils ne demanderont jamais leur remise à la BCE) : on constate une désinhibition totale quant au recours à la dette. L'austérité même très modérée n'est plus une plateforme pour personne. Et les élites ne s'en inquiètent plus vraiment, car la pression des mouvements populistes est telle un peu partout qu'elles préfèrent arroser à tout-va (elles s'achètent une assurance-vie ?).

Conséquence imparable : année après année, les bénéfices de la croissance sont préemptés par les intérêts de la dette.

De fait, si les intérêts de la dette publique représentent 1,6 % du PIB en France, ils doivent être payés soit en puisant sur les revenus existants, soit en prélevant sur l'accroissement de ces mêmes revenus. Si la croissance nominale du PIB est égale à 1,6 %, son produit est absorbé et distribué aux créanciers de l'État. Si elle est de l'ordre de -8,4 % en 2020, il faut baisser le niveau de vie des contribuables de 10 % au bénéfice des détenteurs de titres, français et étrangers. À terme, c'est une perspective à la Sisyphe, peu à même de doper la motivation du travailleur, et ne laissant pas assez de marges de manœuvre pour financer d'authentiques réformes (pour le cas où l'on souhaiterait un jour s'attaquer à des choses sérieuses). Et, à la moindre rechute, pandémique ou autre, ou au moindre caprice de la BCE, l'effet *boule de neige* des dettes n'est pas loin. En attendant, les taux d'intérêt nominaux ne peuvent être autorisés à remonter très longtemps, et pour l'interdire une bonne partie de la politique monétaire est préemptée : le piège est refermé, comme au Japon. Il y a bien une tentative en cours à Francfort pour remonter durablement les taux (profiter de la « divine surprise » de l'inflation 2022), mais le marché n'y croit guère, qui sait que tout saute très vite avant même d'arriver aux alentours de 4 %.

L'État fonctionne en valeur nette négative

On objectera : d'accord mais toutes ces dettes publiques doivent être modérées par le fait que l'État et les collectivités disposent aussi d'actifs qui fourniront des revenus ou des services. Ce n'est pas une objection infondée, et c'est un point très évalué dans les statistiques de l'OCDE. Mais cet argument de l'actif net est assez douteux d'un point de vue opérationnel car il n'est pas évident de mettre un prix sur une valeur que l'on ne peut pas vendre (ou qui, parfois, ne pourrait pas compter sur un seul acheteur) ; s'imagine-t-on vendre un jour le château de Versailles, *La Joconde* ou le porte-avions *Charles-de-Gaulle* pour rembourser la dette ? Il existe certes encore des participations de l'État dans des entreprises, qui pourraient être vendues en théorie, mais en situation de crise d'endettement, toute l'expérience indique que l'on ne récupère pas ainsi des sommes significatives. L'Insee et la Direction générale des impôts ont évalué un patrimoine de l'État de l'ordre de 30 % du PIB. Que l'on me permette un certain scepticisme ; mais admettons. Ce chiffre signifierait que, comptablement, l'État a des fonds propres très négatifs, et ce depuis longtemps, de l'ordre de 90 % du PIB désormais (120 % d'endettement moins 30 % d'actifs). Et on ose m'objecter que l'annulation des dettes se heurterait à un risque de valeur nette durablement négative pour la pauvre BCE… nous y reviendrons plus loin.

On commence à toucher quelques limites des chiffres officiels ou « objectifs » ; et il y en a d'autres.

Ces chiffres officiels sont assez ambigus pour ne pas permettre une imputation claire des responsabilités.

Les chiffres qui circulent communément ne sont pas de bons juges de paix des efforts des uns et des autres ; ou alors ce sont nos préjugés qui sont plus forts. De sorte que la rigueur n'est pas reconnue, les rares fois où elle est appliquée. Laissez-moi illustrer cette idée déprimante avec un cas saillant : Silvio Berlusconi.

L'organisateur des « bunga-bunga » n'a pas bonne presse. C'est très sûrement mérité dans de nombreux domaines. Pourtant, un examen lucide de la chronologie budgétaire transalpine permet de le réhabiliter un peu : c'est à partir de sa première arrivée au pouvoir, en 1994, que les choses changent enfin, par rapport au clientélisme des années 1970 et 1980, où la dette publique s'est envolée. Ce revirement est d'autant plus méritoire que le service de la dette mobilise des sommes considérables, et qu'il n'y a ni croissance ni inflation pour aider. Il faut donc réaliser des excédents primaires année après année, c'est-à-dire des surplus budgétaires une fois payé le service de la dette. L'Italie va réussir cet exploit 23 fois au cours des vingt-six années qui suivent 1994 (contre

3 fois pour la France…) : elle n'échouera qu'en 2008-2009 et 2020, des années de très fortes récessions, à la suite de chocs externes. De 2008 à 2019, les dépenses publiques totales montent en moyenne de 2 % par an en Allemagne, contre 0 % en Italie ; combien de gens le savent en Europe ? Le pays n'a pas mérité les chantages des années 2010 ; et Berlusconi aurait dû être viré après des élections libres, pas après un putsch de la BCE *via* les marchés obligataires à sa botte.

L'Italie est victime de son histoire, de ses voisins, et désormais de sa vertu. Elle a payé 2 000 milliards d'euros d'intérêts depuis 1995, pour un PIB nominal qui n'a progressé entre-temps que de 600 milliards. Et elle doit encore donner des gages, et mettre régulièrement à sa tête des procurateurs certifiés, Monti hier, Draghi ensuite. La vertu n'est pas récompensée en ce bas monde, surtout quand elle est excessive ou mal communiquée. Synthétisons dans notre perspective ; le gros de la dette italienne n'est : a/pas légitime (un vieux boulet), les « politiques » actuels et les actifs n'ont aucune responsabilité là-dedans ; b/pas soutenable : même avec des taux autour de 2 %, toute la croissance future est préemptée ; c/pas juste : l'Italie a été l'une des principales victimes de la crise des dettes créée par la BCE, de la crise des migrants activée par Merkel en 2015, et de la crise du coronavirus. Une vaste remise se justifierait donc très bien, *a fortiori* depuis que la banque centrale détient 700 milliards de dette souveraine italienne.

On peut généraliser l'argument et comprendre pourquoi on n'apprend rien des histoires budgétaires du Vieux Continent, une longue suite de mensonges sur lesquels on s'est mis d'accord. Le problème est que chacun des pays de la zone s'est raconté sa propre fable, que les récits commencent à se percuter, et qu'il n'y a presque aucun rapport entre l'histoire qui domine, largement écrite par les créanciers, infantilisante, et les réalités.

On oublie trop souvent les dettes implicites !

> *« Il faut aller des choses que l'on voit et qui n'existent pas, vers les choses que l'on ne voit pas et qui existent. » – Saint Jean de la Croix.*

Devant nous, un iceberg de dettes, où 80 % du poids total ne se voit pas : une dette immergée, des engagements « payables plus tard ». Il y a anguille sous roche, et même cachalot sous roche.

Périmètre de l'implicite, tentatives de mesure

Quelques exemples hexagonaux pour illustrer ces pudiques « engagements hors bilan ». Lorsque l'État apporte sa garantie aux prêts bancaires de l'Unédic, cela ne se retrouve pas dans son bilan. Quand l'État soutient à bout de bras la banque Dexia, cela n'est pas inscrit au bilan, mais dans les cautions accordées. Le mal enfle, comme toujours quand personne n'est spécifiquement responsable : en France, le hors-bilan a été multiplié par 3 environ entre 2007 et 2019. Des éoliennes aux maisons de retraite, le hors-bilan gonfle tous les jours. Et, depuis la crise Covid, je ne vous raconte pas.

Cette dette cachée est, comme le diabète, une maladie silencieuse, mais elle est plus difficile à canaliser : la moitié environ vient des futures retraites, et présente un caractère quasi incontournable. On peut imaginer à partir de maintenant rogner un peu chaque année sur ces droits, mais on n'échappera pas au plus gros de la facture : pour d'évidentes raisons politiques. En fait, la dette implicite est presque aussi tangible que la dette officielle : à moins de faire sauter la démocratie, on ne voit pas bien comment elle pourrait ne pas être due.

Il est délicat de calculer avec précision cet iceberg des dettes implicites : car tout va dépendre comme d'habitude du taux d'actualisation que l'on retient, autrement dit de notre taux de préférence pour le présent, de notre dévaluation des flux d'engagements futurs. Plus vous abaissez le taux d'actualisation (ce qui serait logique, étant donné ce qui se passe sur les taux d'intérêt depuis des années...), plus la valeur de vos engagements est élevée. Pour appeler un chat un chat : avec des taux d'intérêt projetés assez faibles sur la dette publique et donc des taux d'actualisation sans doute plus faibles, nos dettes futures ont une valeur présente considérable, intimidante.

Les chiffres français qui circulent sous le manteau sont peu rassurants, par leur diversité même. Les évaluations de notre dette implicite peuvent atteindre 400 % du PIB (comme la BCE l'avait suggéré dès 2007 pour l'ensemble de la zone euro... on n'ose imaginer ce que donnerait ce calcul aujourd'hui, après trois épisodes de récession !), descendre vers 250 % (en ôtant les intérêts et en indexant les pensions sur les prix), remonter à 500 % ou plus (avec un taux d'actualisation conforme aux signaux de marché), redescendre vers 300 % (âge de la retraite *effective* reporté de plusieurs années). Et encore, à la condition que la tendance à créer de nouveaux engagements se calme, tout de suite et à tout jamais.

Les outils de débudgétisation comme la Cades (Caisse d'amortissement de la dette sociale) et autres faux nez de l'État prolifèrent dans un silence assourdissant ; la Cour des comptes s'en émeut régulièrement (et alors ?). Comment gérer un problème que l'on n'est même pas capable de mesurer ? En vérité, on ne le gère pas ; et c'est bien pourquoi vous n'y êtes pour rien et qu'il faut penser à un effacement.

Application à notre sujet des dettes européennes. La Grèce était un pays très mal géré, une Wallonie en pire. Mais elle a aussi été victime du syndrome du réverbère : sa dette était presque totalement exposée médiatiquement, elle ne bénéficiait pas de l'obscurité que la Bundesbank a entretenue sur les banques régionales, que la Banque d'Espagne a longtemps maintenue sur les *Cajas*, que la FED a autorisée sur les dettes des agences (Fannie Mae…) et sur tout un tas de choses. Pour des montants à chaque fois très supérieurs au surcroît de dettes helléniques de 2009.Voilà ce qui arrive quand on n'utilise pas le bilan de la banque centrale : une tragédie sur une décennie ou deux, au lieu d'une comédie de quelques semaines.

Système de retraite par dépossession

Il y a bien cannibalisation de l'État par l'État social. Partout et sans limites, par les impôts et par la dette. Et cela ne peut plus s'arranger désormais avec les baby-boomers qui partent à la retraite chaque jour.

En Suède et dans les pays qui ont adapté le système de comptes notionnels, le chiffrage des dettes implicites est plus précis et plus transparent car chaque individu bénéficie d'un décompte individuel de ses droits acquis pour la retraite (un peu selon le principe des points qu'accumule un salarié français dans les régimes Arrco ou Agirc), et il est donc à la fois naturel et facile d'additionner à chaque date l'ensemble de ces droits, pondérés par les durées pendant lesquelles ces droits sont appelés à être versés. C'est peu dire que ceux qui font semblant de s'inspirer de la Suède ne semblent pas pressés de s'engager à fond dans cette voie : ils auraient voulu faire cohabiter les comptes notionnels avec une myriade de régimes spéciaux valables jusqu'en 2057, ce qui ruine toute comparaison…

Mais quelques experts font encore leur travail. Je cite une note de l'Insee : « Les seules politiques qui feraient significativement baisser la dette implicite des systèmes de retraite seraient des politiques de basculement massif vers la capitalisation. Or ce type de politique n'est en général pas envisagé. Au demeurant, lorsqu'elle l'est, elle impose en général de prévoir une période transitoire où on finit d'honorer les droits déjà accumulés en répartition. Sauf à prévoir une double cotisation, cela passe par l'émission d'une dette additionnelle : il y a donc conversion de la dette implicite en dette explicite, plutôt qu'une réduction réelle des engagements totaux[3]. » Creusons un peu.

Ce qu'en France on appelle le « système par répartition » (pour souligner la notion de partage), les manuels d'économie l'appellent « *unfunded system* », et l'opposent au « *funded system* », qu'on appelle dans notre

3. Didier Blanchet et Jean-François Ouvrard, « Évaluer les engagements implicites des systèmes de retraite », étude Insee, 2006.

beau pays « système par capitalisation » (pour en montrer le côté peu partageur). Les mots anglais sont plus adaptés car ils résument la différence fondamentale : dans le système *funded*, l'argent nécessaire au paiement des futurs retraités est mis de côté au fur et à mesure que naissent et grandissent leurs droits à la retraite ; dans le système *unfunded*, l'argent nécessaire n'est récolté qu'au moment où l'obligation de payer se manifeste. Que le système par répartition soit perçu comme plus prudent et plus juste par la population française tient des miracles de la communication politique (et d'une éducation aux sciences économiques sponsorisée par Dunlopillo).

Certes, quel que soit le régime de retraite, répartition ou capitalisation, tout dépendra de la croissance future : il est donc erroné de penser que la capitalisation dispose d'un avantage compétitif direct face au vieillissement démographique. Par contre, elle incite davantage les agents à épargner, ce qui selon les modèles économiques favorise la croissance ou la croissance potentielle ou les deux ; et elle peut à la marge nous faire profiter de la croissance plus élevée du reste du monde (là où la répartition reste très domestique). Bref. Les systèmes de retraite, on ne les change pas rapidement ; le seul exemple d'un passage rapide et réussi à la capitalisation pure est le Chili, mais cela s'est fait à une époque où le couvre-feu de 22 heures était assez bien respecté dans les rues de Santiago. À défaut de fonds de pension, la France aurait au moins pu provisionner son système par répartition ; mettre un peu d'argent de côté au fur et à mesure. Même les Américains l'ont fait à partir de 1983. Nous avons préféré dépenser au fil de l'eau et développer un capitalisme sans capital, consanguin, bourré de dettes et hypocrite ; et aujourd'hui ce qui reste de notre outil productif enrichit souvent la veuve de Milwaukee et le retraité de Pensacola.

À ces jeux de cache-cache, nos très rigoureux amis d'outre-Rhin sont champions.

Faute de s'autolimiter, on triche. Les Français et les Portugais volent les réserves des fonds retraites pour financer des dépenses courantes ; les Allemands et les Espagnols oublient de comptabiliser le coût des structures de défaisances. Est-ce par culture chrétienne ou parce qu'ils ne connaissent pas la limite des 3 % de déficit, mais les Américains ont plutôt développé des façons créatives de faire disparaître des dettes, dettes hypothécaires il y a une décennie[4] et peut-être dettes étudiantes demain, en utilisant le bilan de leur banque centrale ; c'est bien plus efficace que les trucages budgétaires (auxquels ils ont aussi recours) et que les hausses d'impôts.

4. Les fonds propres de Fannie Mae et de Freddie Mac, des organismes délicieusement privés ET publics en même temps, représentaient, début 2008, au seuil de la crise, 81 milliards de dollars, pour plus de 5 000 milliards de dollars de crédits hypothécaires ouverts ou garantis (soit 20 fois les *subprimes*)... Le sauvetage de ces agences a mobilisé des sommes titanesques, enfouies pour longtemps encore dans le bilan de la FED. Détail amusant, fin 2022, on nous parle sur un ton apocalyptique des 250 milliards de dollars que la banque centrale chinoise va devoir cantonner dans l'affaire Evergrande ; pour les organismes américains, il fallait ajouter un zéro au moins, et pourtant vous n'en entendez jamais parler !

Le concept de « triche » perd un peu de son sens quand tout le monde triche ; sauf pour les générations futures, dont on nous rebat les oreilles et qui devront se débrouiller avec toutes ces promesses non couvertes par des actifs, autrement dit avec des impôts. *A fortiori* dans les pays à natalité déprimée…

Il faut donc parler un peu ici des tricheurs en chef, les Allemands, dont les vilaines pratiques remontent à loin ; mais repartons simplement de la crise de 2008.

Les banquiers outre-Rhin voulurent se faire aussi gros que possible, sans en avoir les compétences, pour rester poli : autour de l'an 2000, ils jouèrent sur toutes les bulles immobilières possibles, et achetèrent en particulier les *subprimes* au plus haut. Les banques régionales tenues par des politiciens et des syndicalistes s'en donnèrent à cœur joie (la sympathique cogestion vantée par Piketty). Dès 2009, il fallut créer une « *bad bank* » pour l'une d'entre elles, WestLB, pour un montant qui avoisina les 200 milliards d'euros. En juillet 2012, il fallut créer une structure de cantonnement pour une banque spécialisée dans l'immobilier, Hypo Real Estate, afin de la défaire de 173 milliards d'actifs « dégradés ». Et encore je ne cite que les établissements principaux. Au total, ce sont six *bad banks* qui gèrent au milieu de la décennie 2010 des portefeuilles de produits structurés ou dérivés pourris et des crédits douteux pour un montant de 600 milliards d'euros. Ces structures opaques bénéficient d'un soutien public aussi massif que discret. Le SoFFin, un fonds dit de « stabilisation des marchés », intervient pour soutenir le système allemand, sous l'aimable parrainage de la Bundesbank. Depuis toujours, organiquement, la Bundesbank est *mano en la mano* avec ses banques régionales, et elle a réussi à écarter ces dernières de la supervision BCE. Cela permet à tous ces échafaudages d'être aussi transparents qu'une partie de cartes dans un bar louche à Palerme ; voilà pourquoi vous n'en entendez jamais parler, et voilà pourquoi un certain nombre de commentateurs germaniques continuent leurs leçons de morale.

Les dettes privées, faussement innocentes et peut-être pas si privées

Je fais vite sur les dettes privées car elles ne sont pas au cœur de la proposition de remise des dettes, étant donné qu'elles sont relativement moins présentes dans le bilan de la banque centrale. Mais retenons qu'elles prolifèrent (d'autant qu'elles sont affectées de taux d'intérêt plus élevés), souvenons-nous qu'elles peuvent se transformer assez vite en dettes publiques, admettons qu'elles sont les symptômes d'une crise profonde (de nature déflationniste), et soulignons qu'elles ne sont pas toujours « voulues » par les acteurs (biais fiscal en faveur de ce type de financement, nous y reviendrons, et déséquilibres entretenus du marché immobilier).

Les dettes privées sont presque aussi pernicieuses que les dettes publiques (« Quand vous combinez l'ignorance et le levier de la dette, vous obtenez des résultats assez intéressants » - Warren Buffett). Je dis « presque », car *a priori* elles sont mieux contrôlées : elles partent en théorie de la volonté des agents économiques de base (ménages et entreprises), elles sont accordées par les banques et par les marchés financiers qui sont censés étudier le risque de crédit dans leur propre intérêt (là où les entités publiques peuvent être tentées par des crédits bonifiés en fonction du cycle électoral) ; et puis, elles ne sont pas destinées à finir en nouveaux impôts pour des gens qui n'ont rien demandé. Hélas, ces points rassurants sont assez théoriques ; dans les faits, les prêts sont accordés de façon procyclique, les agents sont très influencés par des signaux trompeurs issus de la fiscalité ou de la réglementation, et de toute façon les dettes privées et publiques sont fongibles : économiquement (à la fin, elles sont toujours payées par des individus), et souvent fiscalement (sauvetage régulier des prêteurs et/ou des banquiers par l'État ou par la banque centrale).

Le prix de l'Autruche d'or est une nouvelle fois attribué à… la France

C'est avec une stupéfaction créée par le manque criant d'originalité qu'on apprend que la France se retrouve dans le rouge, que la dette soit publique ou privée, officielle ou implicite :

- Parce que s'il y a une régularité bien documentée, c'est l'effet cliquet du poids de l'État en France, un nouveau palier à chaque crise. L'invasion des cliquets…
- Sans surprise, la courbe des finances publiques françaises ressemble à une droite : aucune différence entre des énarques de centre-droit et des énarques de centre-gauche ; il n'y a pas d'alternance dans ce pays. Quand Giscard laisse son fauteuil en 1981, la dette publique se monte à 20 % du PIB. Nous avons signé tout au long des années 1990 des engagements qui reposaient sur une limitation à 60 %.

Nous en sommes fin 2021 à 120 %. Et il s'agissait là de financer des dépenses de fonctionnement : depuis vingt-cinq ans, où sont les routes, les universités et les hôpitaux supplémentaires, qui aideraient à justifier les dettes publiques additionnelles, et qui aideraient à faire passer la note de 1 200 milliards d'euros payés depuis 1995 pour servir les intérêts de la dette souveraine, dans un pays qui n'a créé justement que 1 200 milliards de PIB nominal additionnel sur la période ?

- Cette pente en ligne droite renvoie à la rigidité de nos dépenses et à notre incapacité à dévaluer depuis plus de trente ans : si la Suède des années 1990 a pu amorcer une redéfinition des missions de l'État et entamer la dynamique de ces dépenses, elle l'a fait en réservant l'emploi à vie à quelques activités ciblées, et en dévaluant, pour lisser la transition – deux axes qui ne sont pas à l'agenda de nos « politiques ».
- Parce que sa passion pour la pierre se renforce sans cesse, à partir d'un niveau déjà élevé.
- Si la dette des ménages explose, ce n'est pas pour acheter des livres. Le patrimoine des Français est à plus de 70 % immobilier (et on nous parle en permanence de la diversification des patrimoines…), et il s'est constitué en poussant l'effet de levier toujours un peu plus loin. S'endetter pour un actif inerte est un fusil à un seul coup, et à l'échelle macroéconomique une bien piètre allocation du capital.
- Cette dette immobilière toujours plus lourde et plus longue, associée à un degré inouï de restrictions foncières qui bloquent les constructions, explique

comment un pays avec très peu de croissance a connu un triplement des prix résidentiels (en termes réels) en deux décennies : cela a réduit la mobilité des travailleurs, a détourné l'épargne des ménages des placements à risque nécessaires, a développé les inégalités, a pollué la fonction de réaction (déjà peu claire) des banquiers centraux, a promu des emplois peu qualifiés dans un secteur où les gains de productivité sont maigres, etc.

- Parce que ses entreprises ont une profitabilité douteuse, ce qui conduit à une fuite en avant.
- Les dettes des sociétés non financières au milieu de l'année 2020 se situent à 104 % du PIB en France, contre 83 % pour la moyenne de la zone euro (et 70 % pour l'Italie). Le taux d'autofinancement de nos PME est au plus bas. Leurs fonds propres sont très fragiles, depuis longtemps : en lien avec un cadre réglementaire qui se nourrit de lui-même, avec une fiscalité qui privilégie scandaleusement l'endettement sur les fonds propres, et avec des marges attaquées de toutes parts par une crise de demande couplée à une crise de l'offre. Au total, notre dette privée (ménages + entreprises hors institutions financières) atteint 215 % du PIB fin 2019 selon la BRI, contre 150 % aux USA ; en hausse vertigineuse ces dernières années. Vous me direz qu'on trouve des chiffres comparables en Suisse, en Suède et au Canada, mais ces pays sont dotés de parlementaires dignes de ce nom : au moins, ils maîtrisent mieux leurs dettes publiques.
- Parce qu'elle s'ingénie à multiplier les bombes à retardement, hors bilan.

- Nos dettes implicites sont en roue libre. Les régimes spéciaux de retraite coûtent particulièrement cher, et c'est une illusion de croire qu'ils ont été réformés depuis quelques années (ou qu'ils vont l'être avec la « réforme » en cours). Il faudra aussi faire un jour le bilan de certaines structures publiques et semi-publiques de « financement de l'économie », vu le nombre de marquis parisiens qui multiplient les tours de table, qui se prennent (avec de l'argent public) pour des *venture capitalists,* des *market makers* et des spécialistes en *private equity*.

L'État a tellement menti qu'on ne peut même plus croire dans l'inverse de ce qu'il raconte. C'est le concept du « narrateur peu fiable » : une histoire basée sur une contradiction, un récit qui n'est pas du tout appliqué dans les faits. Les échecs sont toujours attribués à des facteurs externes, incongrus, imprévisibles. La montée des dettes, c'est la faute de la gestion précédente, ou c'est la faute d'une crise importée de l'étranger. Ce n'est pas la faute de nos choix et de nos non-choix budgétaires et monétaires. Les autorités expliquent ainsi qu'elles ne remonteront pas les impôts. C'est un beau roman, c'est une belle histoire. Il faut vraiment croire dans la croissance des années 2020 et 2030 ; mais notre base productive vient d'en prendre un sacré coup, et nos engagements climatiques impliquent une réduction (à partir de maintenant) de nos émissions carbonées (autant dire de nos activités économiques, donc des rentrées fiscales) de 4 % *chaque année* !

Un économiste dira toujours qu'il n'y a pas de fatalité en matière de dépenses publiques, et il aura raison : il y a vingt-cinq ans, la Suède dépensait 8 points de pourcentage de PIB de plus que la France chaque année, et désormais 7 points de moins ; sans que la Suède ne soit à feu et à sang. Mais avec l'euro cher, la France est condamnée à mener des politiques budgétaires laxistes, parce que le coût croissant de la camisole monétaire unique doit être compensé. Comme c'est déjà la pente naturelle du pays, et comme les marchés financiers achètent, nous le verrons, sa dette même à des taux négatifs, il n'y aura pas de changement de cap avant longtemps. Et notons déjà ici au passage que la remise des dettes ne provoquerait donc pas un gros aléa moral…

Concluons. Nos revenus futurs sont encore plus préemptés par les dettes que ce que les chiffres officiels suggèrent. Plus les gouvernants recourent au hors-bilan comme moyen d'éviter des choix difficiles, plus ils abandonnent leurs responsabilités. Partout domine une mentalité « après nous, le déluge », surtout à Paris. Si on se contente d'écrêter quelques engagements à la marge, comme nous le demandent les fétichistes du bilan immaculé des banques centrales, notre destin est celui de Sisyphe.

Des régimes de « démocratie avancée » et des économies de plus en plus financiarisées…

Les optimistes misent sur une décélération du processus qui incurverait les tendances précitées, et qui éviterait d'aborder des méthodes plus radicales ; ne voient-ils pas que toutes nos institutions publiques et privées, nationales et européennes, poussent résolument dans l'autre sens ?

Une démocratie avancée ne parvient pas à canaliser les dettes

« Je voudrais bien le voir moi, Louis XIV, devant un assuré social, s'il dirait encore L'État c'est moi. »
– Céline

Nous vivons dans une démocratie dite « avancée » : de moins en moins parlementaire et sérieuse, de plus en plus narcissique et capricieuse, soumise aux émotions médiatiques et à la concurrence victimaire, où les missions régaliennes sont prolétarisées et la dette « roulée » sans fin sans être remboursée.

Un échec total du clergé budgétaire, en raison de la crise de l'État-providence

Remonter la chaîne causale des déficits revient à parler de la dépense publique. Certains glosent à l'infini sur quelques baisses d'impôts consenties aux riches : elles sont epsilonesques en comparaison d'une dépense qui progresse par paliers, de crise en crise, inexorablement. En 1914, l'État représentait 7 % de l'économie américaine ; en 1960, ce chiffre avait bondi à 27 % et depuis 2009 il rôde autour de 42 % (plus depuis le Covid et Biden). Essentiellement, des transferts, pas des services publics. C'est un phénomène continu, et global.

Car nos États-nations sont de nos jours essentiellement des États-providence (EP). Des guichets sociaux. En théorie, l'EP aide l'individu à s'élever à la dignité de citoyen ; dans les faits, il cannibalise l'État régalien. On est passé d'une dotation de survie pour le travailleur et sa famille à un système du berceau à la tombe, et d'un système assurantiel à un système universel, qui progresse mécaniquement. Les dépenses de transferts occupent tout l'espace budgétaire et ne laissent que des miettes à ce qui tenait naguère la nation : c'est pourquoi il y a privatisation de la sécurité (les vigiles sont plus nombreux que les policiers et les gendarmes réunis), diminution tendancielle de l'armée, prolétarisation de la justice, de l'hôpital et de l'école. Par contre, les revenus sont de plus en plus socialisés, les transferts progressent par paliers, à chaque crise ; on l'a encore vu avec la crise Covid.

Les EP reportent les factures le plus loin possible dans le futur. En haut, la dette est le degré de liberté, la pente la plus facile quand on ne reste que cinq ans aux affaires. En bas, les gens ont appris à se servir du système, qui fonctionne comme une vaste plateforme de tiers-payant ; et ils sont de plus en plus cyniques à son endroit. Dans les années 1840, Frédéric Bastiat écrivait déjà : « L'État, c'est la grande fiction à travers laquelle tout le monde s'efforce de vivre aux dépens de tout le monde. »

La seule chose nouvelle, c'est le détournement du système par une génération particulière. Car, en bonne théorie, les pays riches auraient dû épargner pour la génération du baby-boom, pas emprunter. Pourquoi ont-ils fait le contraire ? Parce que cette génération était nombreuse, et que le nombre fait la force. C'est pourquoi elle a obtenu la massification des études, puis un vaste tapis rouge dans son expansion professionnelle, puis une retraite prématurée et généreuse, et bientôt de lourdes dépenses pour la dépendance. Le barycentre des dépenses de l'EP s'est donc déplacé en fonction de l'âge médian de cette génération, depuis le début de la politique familiale des années 1940 jusqu'à aujourd'hui. Au nom de la justice sociale bien entendu.

Cette dynamique interne de l'EP est explosivement incompatible avec un ordre monétaire, l'euro, qui cherche à être un équivalent fonctionnel de l'étalon-or, un pôle d'immobilité. En effet, le compromis entre les diverses factions de keynésiens qui nous gouvernent repose sur un ordre social qui n'est pas en ligne avec l'ordre monétaire qu'ils ont créé, et il ne peut résoudre sa contradiction que par la dette : si on ne peut plus dévaluer pour amortir un choc, l'ajustement repose sur le facteur travail, or ce marché est structurellement très rigide, très fragmenté et très dual en zone euro ; la dépense publique est alors appelée à la rescousse, ce qui se traduit par des déficits supplémentaires, qui finissent tantôt sur les marchés tantôt dans le bilan de la BCE ; honteusement, et sans stratégie de sortie.

C'est dans ce cadre que le cantonnement puis la monétisation des dettes par la BCE devraient être vus comme des minimums, des événements prévisibles, et que leur annulation ultérieure ne devrait pas choquer : c'est la sortie logique d'un système qui ne l'est plus.

Nous sommes en train de reconnaître continuellement de nouvelles dettes...

Non contents de produire des dettes au fil de l'eau, nos dirigeants privés et publics en inventent, pour l'avenir, pour être certains que nous n'en manquerons jamais. Des dettes :

- climatico-écologiques (l'Accord de Paris et ses suites) : oh, rien de très spécial, juste la transformation à marche rapide de toutes nos énergies, de nos transports, de ce qui nous reste d'industrie. On n'accélère pas l'Histoire sans coûts, on ne décarbone pas la planète sans investissements et donc sans financements ; mais où sont-ils ? Les gens qui ont signé des engagements de « neutralité carbone » dès 2040 n'ont certes pas bien compris les implications, mais ils l'ont fait en notre nom ;

- démographiques : par exemple, la dépendance du quatrième âge, très mal provisionnée ;
- mémorielles, un peu partout : le débat sur la dette raciale aux États-Unis, par exemple, mais cela touchera tout le monde occidental. En avril 2021, Thomas Piketty affirme que la France devrait « rembourser » 30 milliards d'euros à Haïti, pays indépendant depuis plus de deux siècles ; comme ça, en chèque ou en espèces ;
- pandémiques : la dette Covid, avec son cortège de dépenses sanitaires en 2020-2021 ; mais bien au-delà : car vous voyez un comptable public refuser quoi que ce soit aux hôpitaux et aux labos dans les années qui viennent ? Notre hôpital public est peut-être encore plus en lambeaux que notre école publique ; et quid de l'arrivée d'un nouveau virus ?
- sociétales : quand les entreprises, par exemple, s'engagent dans les mécanismes de la responsabilité sociale, dans la thématique de l'entreprise « citoyenne », « de mission », etc. Tout cela a l'air très sympathique, encouragé par de nombreux lobbies et par l'État, par exemple à travers la taxinomie européenne. Mais ce n'est pas un « repas gratuit », il est

souvent fait avec l'argent des autres, et implicitement avec de « l'argent futur » ;

- énergétiques : pour passer les hivers tout en se passant de la Russie, il faudra relancer un vrai programme nucléaire, c'est-à-dire reconstruire EDF que nous avons saboté-endetté-germanisé ;
- européennes, bientôt (*eurobonds* divers) : souscrites dans un étrange unanimisme, sans la moindre idée crédible de financement « européen » (cf. partie IV).

L'activité des élites depuis quelques années en Occident consiste donc à empiler strates d'engagements généreux sur strates d'engagements généreux, tout en détruisant consciencieusement les moyens de les payer ou de les éteindre (croissance du PIB nominal). Et tout le système médiatique pousse dans ce sens, comme structuré autour de la reconnaissance d'obligations futures ; et tant pis si l'on n'a plus les ressources pour les couvrir. Mais toute promesse faite dans une société avec fort peu de croissance est une dette, et la dette (si elle n'est pas remise) n'est que de l'impôt différé. En dehors d'une innovation monétaire forte, l'identité « déficits d'aujourd'hui = impôts de demain » ne sera pas démentie. Ce qui se prépare, sans notre scénario de remise, c'est donc un fardeau fiscal dément.

… et il vaut mieux ne pas trop compter sur le marché pour « discipliner » les déficits

Les adeptes des solutions de marché comme moi aimeraient croire à ce genre de discipline ; dans un contexte de japonisation depuis 2008, c'est de plus en plus impossible.

Des faits taux-talement contre-intuitifs

S'il existait un quelconque rapport entre les taux d'intérêt de marché et l'évolution du stock de dettes publiques, comment expliquer que le taux de l'État français à 10 ans soit passé de 19 % à -0,4 % entre 1982 et 2020 (période au cours de laquelle la dette française est passée de 21 % à 117 % du PIB) ? Les véritables déterminants des taux d'intérêt sont monétaires, et entretiennent peu de rapports directs avec les finances publiques : ce genre de graphique se rencontre dans TOUS les pays occidentaux, et depuis quatre décennies :

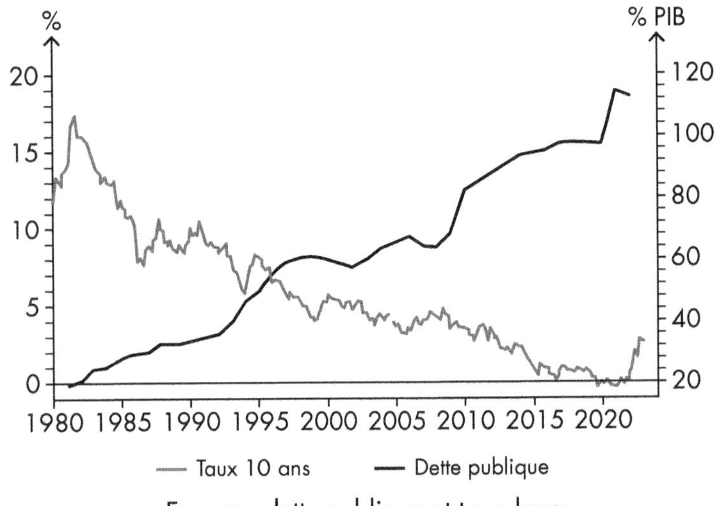

France : dette publique et taux long

NB : une hausse des taux est actuellement en cours, mais elle ne change rien à l'équation en dehors du fait qu'elle renchérit le service de la dette : elle est entièrement pilotée par la BCE (le marché est dubitatif), et l'inflation qui sert à la justifier ne vient pas tant d'une hausse des revenus nominaux que d'une dérive des coûts (énergie…) qui ne nous aide en rien à rembourser facilement la dette.

L'idée du marché comme « père Fouettard » des déficits tombe en désuétude. Car ceux qui, à partir des dérives budgétaires, ont misé sur un scénario de hausse des taux d'intérêt, très précisément daté (« un jour ou l'autre »), et rebaptisé depuis quelques années « scénario de normalisation » des taux, n'ont pas été dans le sens du marché – et sur une longue période, ce qui fait mal. En fait, ils se sont tellement fait tabasser comme des enfants martyrs qu'ils ne sont plus des acteurs de marché mais des youtubeurs ; ils vendent des lettres d'information, où toute leur sagesse budgétaire s'étale.

Pendant des années de chute des taux, le cirque de la hausse des taux est passé partout ; mais le marché, lui, avait changé de nature. Il faut comprendre ce marché, avide de sécurité au carré.

Les dettes publiques, tout le monde se jette dessus de nos jours, puisqu'il n'y a plus de croissance nominale en vue. Ce n'est pas un « vote de confiance » envers nos finances publiques, loin de là (et on se moque au passage de ce que peuvent raconter les agences[5]). C'est l'inverse des années 1970, où il y avait trop de projets (bons ou mauvais) et pas assez d'épargne. Les dettes ne sont plus achetées de nos jours comme des dettes, mais comme des coussins de sécurité, des assurances, en fait

5. Les taux d'intérêt des États-Unis, du Japon et de la France à la suite de la dégradation de leurs notes souveraines ont *baissé* (!). C'est un point qui n'est pas du tout compris par nos médias, cf. Alain Minc (« Le triple AAA de la France est un trésor national », *Le Figaro* du 17 août 2010). Les gens qui connaissent les marchés savent que la notation est utilisée comme une autorisation à émettre, pas comme une analyse ; si une agence de notation était invitée à une fête d'anniversaire en mai, elle arriverait en juillet.

de la quasi-monnaie. On cherche la monnaie, comme dans toute époque frileuse, vieillissante et japonisante, et on la trouve, *via* des titres de dettes, qui sont transformables en cash à la demande. On achète ces titres pour réduire la volatilité des portefeuilles, pour respecter des ratios réglementaires et comptables, pour la liquidité, pour ne surtout pas investir dans des projets : pas par passion métaphysique pour l'État et pour la zone euro.

Le marché moderne est (même s'il s'en défend, même s'il cherche à projeter une tout autre image) un marché de placeurs et d'optimisateurs, pas d'investisseurs : les opérateurs obligataires misent de l'argent qui n'est pas à eux en fonction de règles qu'ils n'ont pas écrites ; ils sont aussi loin de Warren Buffett ou d'Elon Musk que je le suis de Britney Spears.

Partout les épargnants veulent des taux de rentabilité stables, fixes, garantis. L'industrie financière ne fait que répondre à cette demande. Un taux d'intérêt nominalement élevé devient alors anachronique. Dit autrement, des politiques monétaires globalement restrictives dans un contexte de croissance faible causent une demande agrégée anémique, et alors tout taux d'intérêt positif sur le marché est bon à prendre et a vocation à disparaître. Le marché ne discipline plus les États car il absorbe tout déficit qu'il peut trouver, et il ne peut servir de contre-pouvoir à la banque centrale car il se présente à son guichet tous les matins. Notre sujet n'était déjà pas une affaire de Bien et de Mal, ce n'est plus une affaire de carotte et de bâton.

À QUI LA FAUTE ? OÙ SONT LES VRAIS RISQUES ?

Il est légitime de relativiser la notion de faute ; mais la dette est un « vent contraire », qui nous pousse dans des situations de plus en plus absurdes ; et, en suivant Jacques Rueff, on peut se demander si ces dettes sans collatéraux ne nous transforment pas en une économie Potemkine, façadiste, irréelle.

La dette est une responsabilité conjointe

Les créanciers ont une responsabilité dans la dette : il n'y a pas que ceux qui reçoivent qui ont une responsabilité. Cela devrait aller sans le dire, mais ça va mieux en le disant. L'endettement suppose deux parties, et concerne en fait toute la communauté, surtout depuis que les dettes sont découpées en petits bouts façon puzzle : c'est un phénomène systémique, pas un rapport entre le Bien et le Mal.

Pourquoi les institutions financières, avec leurs armées de spécialistes, de quantitatifs et d'avocats, devraient être exemptées du principe *caveat emptor* (« acheteurs, méfiez-vous ! ») qui s'applique aux gens ordinaires ? Après tout, un vieux dicton (que l'on prête à Paul Getty, on ne prête qu'aux riches) stipule que si vous devez 100 euros à votre banque, vous avez un problème, mais que si vous lui devez 100 millions d'euros, c'est elle qui a un problème. C'est la sagesse même.

Illustration de cette responsabilité conjointe : les fameux emprunts russes

On connaît une version de cette histoire, laissez-moi vous raconter l'autre face, celle dont les créanciers (qui écrivent l'Histoire) ne parlent jamais.

À la fin des années 1880, la Russie est déjà un investissement dangereux ; c'est le pays le plus endetté d'Europe et le seul dont le budget soit voté en dehors d'un Parlement élu. Il s'agissait de dettes à la fois longues (les emprunts d'État émis entre 1866 et 1884 prévoyaient d'être amortis en 1925-1926) et non indexées ; or, en 1897, en dévaluant le rouble, le gouvernement russe réduit déjà sa dette de 33 %.

Le 29 décembre 1917, un décret des bolcheviks répudie unilatéralement les dettes de l'Empire. Malgré ce décret, les cours des emprunts russes demeurent relativement élevés pendant les trois années suivantes : car les banques françaises honorent les coupons qui se présentent à leurs guichets. Les porteurs préfèrent le plus souvent attendre ; ils espèrent une reprise partielle de la dette par (au choix) la France ou d'autres pays, ou une armée blanche victorieuse, voire un gouvernement rouge qui aurait modéré ses positions (!). Même si la répudiation de la dette par les bolcheviks est indéfendable, il faut se figurer toute la débilité des porteurs français, à chaque étape :

- ils prêtent à l'État le plus autocratique de l'époque, déjà douteux monétairement (la dévaluation de 1897, dans un monde en plein étalon-or, partout !), et très fragilisé depuis la révolution de 1905 ;
- ils se laissent berner par la presse française vénale, massivement corrompue par la Russie (comme elle l'est aujourd'hui par les Saoudiens et les Qataris) ; il suffisait de lire Balzac pour se douter de quelque chose ;
- ils ne s'adaptent jamais, ni en 1914 ni même en 1917, ni plus tard quand il est encore temps de récupérer le plus gros de leur mise. Autrement dit ils planent. Ils s'illusionnent. Et en plus, à la fin, ils hurlent à l'injustice, dans un monde en ruines qui vient de voir des injustices bien plus graves se multiplier !

Investir est un processus d'élimination. Les gens qui placent un peu partout, sur tout, sans discrimination, sans recherche, sans même parfois connaître ce qu'ils achètent, ou en se fiant aux seules autorités en place, ou à des agences de notation peuplées de tous ceux qui ont été refusés ailleurs, ne méritent pas d'engranger éternellement des gains sans jamais rencontrer quelques soucis. Pas de rendements sans risques. Bien entendu, ils voudraient le beurre, l'argent du beurre et une absence totale de risques ; mais il s'agit là d'une revendication infantile, immature.

La dette est une chaîne, dans tous les sens du terme ; et dans une chaîne de responsabilité, la solidité de l'ensemble dépend des maillons les plus fragiles. Il faut admettre qu'il y a des inégalités de vulnérabilité face aux chocs, et des inégalités de responsabilité des chocs, mais qu'en définitive tout le monde est embarqué. Sur cette base, nous pourrions commencer, à la manière de Gérard Thoris, l'économiste qui nous a mis sur la voie de la remise, un manuel d'autodéfense contre les fétichistes du remboursement. Ou nous rappeler les *subprimes* : des financiers avaient prêté à des foyers dont les revenus étaient trop faibles, et il s'est passé ce qui devait se passer : le remboursement n'a pas eu lieu. Comme le dit un vieux proverbe anglais, il n'y a pas besoin d'expliquer par la malice ce qui peut l'être par l'incompétence.

La dette excessive est un vent contraire, elle conduit à des situations de plus en plus absurdes.

Elle pousse, nous l'avons vu, à la débudgétarisation, et même à la fraude pure et simple. Même soutenable, elle reste une menace, contribue à la perte de sens au travail et sert à des chantages ou à de sombres dissuasions.

Ce n'est probablement pas l'insoutenabilité des dettes *stricto sensu* qui posera le plus de problèmes.

La plupart de nos dettes peuvent être relativisées et/ou étalées dans le temps, dans un monde où le consentement à payer se maintient assez bien chez les contribuables, et où les banques centrales disposent de tous les atouts pour conjurer un krach obligataire *si elles le veulent*.

L'étalement dans le temps n'est pas illégitime, il prend ses racines dans le ratio de dette sur PIB qui n'est qu'une convention. La dette (mesurée en unités monétaires) et le PIB (mesuré en unités monétaires par unité de temps) produisent un rapport en unités de temps ; or, il n'y a aucune raison particulière d'utiliser une année comme unité. Une année, c'est le temps dont notre planète a besoin pour faire le tour de son étoile : à l'exception des quelques activités saisonnières, cela présente fort peu de signification économique. Si on exprimait la dette en fonction de sa maturité moyenne, c'est-à-dire pour la dette souveraine de la France environ huit ans, le poids de notre dette publique serait ramené à environ 15 % du PIB. Ouf de soulagement généralisé, et pourtant… nous ne l'avons pas allégée d'un centime ! Du point de vue de la capacité de remboursement, une telle unité de temps serait au moins aussi pertinente, puisque le pays ne doit pas rembourser la totalité de sa dette en un an (sauf si une crise terrible rend impossible tout refinancement de la dette actuelle).

Personne n'a de gros doutes sur la soutenabilité de la dette publique japonaise, même à 250 % du PIB nippon, et ce en dépit de l'absence de toute perspective de croissance et d'inflation dans l'archipel. Voilà une dette qui est détenue par des Japonais, et libellée en yens, et ne maturant pas avant dix ans en moyenne, affectée d'un taux d'intérêt proche de 0 % sur toute la courbe, et achetable sans limites par la banque centrale du pays, ou par ses factotums (Poste, assurances, banques, fonds de pension) : c'est un non-sujet en termes de probabilité de défaut. Et pourtant, même dans ce cas très « gérable », on sent un malaise, comme si cette dette pouvait représenter plus qu'un épouvantail, et finir en cause de déclin du pays, après n'avoir été depuis trois décennies qu'un symptôme de crise. Le Japon ne fera pas défaut, mais ses politiques budgétaires et monétaires sont préemptées, encalminées ; ses finances circulent sans avancer ; ses jeunes entrepreneurs sont « désincités » et probablement désavantagés.

Les problèmes sont ailleurs

D'abord, la mauvaise dette est celle qui ne construit rien et qui capitalise plus vite que ce qui permettrait de la rembourser sans heurts (croissance nominale). On parle alors d'une « trappe à dettes ». Et c'est là où nous en sommes un peu partout en zone euro depuis 2008.

Cette dette excessive nous empêche d'être long-termiste, elle pousse à une trop grande préférence pour le présent : une tarification hyperbolique du temps, ne serait-ce que pour masquer les engagements futurs. En conséquence, une mauvaise allocation du capital. Les actifs les plus porteurs de croissance à long terme se retrouvent excessivement dévalués, tandis que les choix malthusiens sont avantagés. Après le passage de la bombe à neutrons des dettes, il y a dégradation des forces productives et cannibalisation de l'activité sous-jacente.

Parmi les dérives sociétales liées à la dette excessive, la spéculation la plus hors-sol, qui n'est pas réservée aux professionnels de la haute finance : qui n'a jamais entendu un Parisien parler de la renégociation de son emprunt tout en critiquant ces poches percées d'Américains qui dopent leur consommation courante grâce au mécanisme de l'extraction hypothécaire ? Et à peu près tous les rachats d'actions (une voie assez malthusienne) sont réalisés *via* la dette d'entreprise ; les deux courbes se superposent assez bien.

Chantages

Maintenant qu'elle est largement logée dans le bilan de nos chers banquiers centraux, la dette est un moyen de chantage supplémentaire au profit d'un tout petit nombre de gens non élus, très protégés. Car à votre avis que se passerait-il si un jour la BCE faisait mine de vouloir reverser sur le marché ne serait-ce qu'une toute petite partie de son stock de titres publics ? Quand on voit ce que provoque la moindre petite rumeur sur un ralentissement du rythme de ses achats (QE)…

Les marchés financiers passent désormais plus de temps à étudier la FED et la BCE qu'à étudier les entreprises, leur valorisation, leurs perspectives : si vous avez affaire à un preneur d'otages, décrypter sa psychologie est essentiel.

Ce scénario de chantage n'a en effet rien de théorique, il a déjà été concrétisé, par exemple en 2015 quand la BCE a paralysé le nouveau gouvernement en Grèce en coupant les liquidités aux banques privées qui n'avaient rien fait de mal. Quand les retraits aux distributeurs peuvent être plafonnés à 40 euros, il est assez difficile de résister. Francfort avait également donné des ordres au gouvernement italien pour qu'il mette en œuvre des réformes dans les domaines de l'emploi et de la fiscalité en 2011 (des réformes qui n'avaient qu'un très lointain rapport avec la crise en cours), puis il a démis Berlusconi en demandant aux marchés obligataires d'activer une crise de financement. Dans ces deux cas, et dans plusieurs autres, il n'y a pas eu un murmure de protestation de la part de la presse ou des eurodéputés, qui en outre n'ont pas beaucoup appris puisqu'ils nomment encore cette période la « crise des dettes souveraines » (comme la BCE nous demande d'appeler cette période de chantage aux dettes). Demain, cela pourrait être pire : parce qu'il y a cinq fois plus de dettes souveraines dans le bilan de la BCE qu'à l'époque, et aussi parce que la sensibilité à la moindre petite hausse éventuelle de taux directeurs BCE a encore augmenté (pensez à l'Espagne, dont les dettes privées sont souvent en taux variables et adossées aux taux courts définis par la BCE). Tout éternuement en provenance de Berlin, de Francfort ou de Karlsruhe (*de facto* la Cour constitutionnelle de la zone euro) peut déclencher une spirale autoréalisatrice. Ils le savent, nous le savons, ils savent que nous le savons, etc.

Comme dans toute bonne prise d'otages, on rencontre un fort syndrome de Stockholm ; une omerta terrible règne dans tout ce domaine, et une mauvaise foi himalayenne. Par exemple, de nombreux analystes franco-allemands publient depuis 2008 sur le thème effrayant d'une possible prise d'otages inversée (les États domineraient, un jour, la BCE…), prélude à un éventuel retour possible de l'inflation, dans un avenir non précisé – ce qui est à mourir de rire quand on voit l'évolution des rapports de force depuis des années, la division des uns et l'esprit de corps chez l'autre.

Un petit souci avec les inégalités et avec la structure des incitations

Il faut admettre qu'il n'a jamais été aussi avantageux qu'aujourd'hui d'être un créancier, dans toute l'histoire du monde. Certes, son pouvoir baisse (il ne peut plus réduire en esclavage le débiteur), ainsi que sa rémunération nominale, plus récemment. Mais ses risques, eux, ont disparu : terminé les guerres et les révolutions qui provoquaient des épisodes d'hyperinflation ou de répudiation ! De sorte que son rapport rendement/risque est *in fine* assez bon, du moins en zone euro, en absolu et plus encore en relatif : le salarié et l'entrepreneur ne sont pas aussi bien traités depuis 2008. D'où la raréfaction des investissements dans l'économie. Cela ne signifie pas qu'il serait juste ou efficace de maltraiter l'épargnant ou de le taxer à la façon maximaliste de Piketty ; mais, confrontés à des crises multiples, il nous faudrait bien veiller à une répartition équitable des factures et des risques.

Il suffit de regarder la rémunération des uns et des autres. Je pars du principe classique :

- que les travailleurs touchent des salaires nominaux ;

- qu'une bonne approximation de la rémunération de l'épargnant prudent est le rendement total (coupons + plus-values) de l'obligation longue de son pays ;
- et que le gain de l'entrepreneur avoisine, en moyenne, les performances des marchés d'actions (dividendes inclus).

Depuis trente ans, au Japon, les salaires nominaux ont légèrement baissé, les actions ont pris plus de 50 %, et l'obligataire souverain a fait +290 %. C'est clair. L'épargnant n'est pas mal traité. Depuis vingt ans en Italie, les salaires nominaux ont progressé de 45 %, les actions sont quasi stables et les obligations d'État ont fait +370 %. La tendance gagne toute la zone euro, peu à peu. Comme on dit aux Antilles : « Il y a de la profitation ! »

La prolifération des « faux droits » : en route vers une économie Potemkine

C'est LE grand danger de la dette actuelle de plus en plus dénuée de collatéral économique : sa dimension « bombe à neutrons », qui maintient les apparences intactes mais phagocyte l'activité, les forces productives. Suivons ici le raisonnement de Jacques Rueff, pas à pas.

Il distinguait droit de propriété et droit de créance. Un droit de propriété peut être vendu ou échangé ; il a une valeur intrinsèque. Ce droit est « vrai ou faux selon que son volume est égal ou supérieur à la valeur des richesses qu'il enveloppe ». On se souvient, par exemple, que la crise de 2008 était une crise du collatéral : la valeur de certains titres immobiliers ou basés sur l'immobilier avait disparu, alors que le droit de propriété restait intact en apparence (les pays les plus pauvres ont le plus souvent le problème inverse : des logements qui ont une réalité mais qui, faute d'être enregistrés légalement par un cadastre, ne permettent pas de servir de base pour le nantissement, l'endettement, etc.). La créance, elle, n'est pas un droit de propriété, mais la faculté d'obtenir d'une personne, le débiteur, prestation d'une chose. Or, le meilleur débiteur ici-bas ne peut livrer ce dont il peut lui-même jouir, c'est-à-dire qu'il ne peut faire son « travail de débiteur » qu'à partir d'un droit de propriété. « Les droits de créance ne pourront donc être remplis, quelle que soit leur valeur nominale, que des richesses possédées à l'échéance par le débiteur. Si la valeur des créances échues présentées à l'encaissement dépasse celle de ces richesses, le titulaire des créances constate qu'à concurrence de l'insuffisance d'actif, la valeur de sa créance, quel qu'en soit le montant nominal, est nulle. Tout se passe alors comme si la part de créance qui ne peut être honorée n'existait pas. Elle est qualifiée de *fausse créance*[6]. » Et le droit qui enveloppe une fausse créance est un « faux droit ». Pour qu'une créance soit vraie, il faut que le bilan au passif duquel elle figure en tant que dette comporte un actif net. Un emprunt qui sert à acquérir des biens dont l'utilisation ne permettra pas de dégager les ressources nécessaires au paiement des intérêts et au remboursement du principal équivaut à une créance plus ou moins fausse.

6. Jacques Rueff, *L'Ordre social*, œuvres complètes IV, Plon, 1945.

Par exemple, si le prêt est destiné à payer du personnel ayant été largement sous-employé à la suite d'une pandémie, il est assez probable que la créance soit fausse pour une part importante.

Rueff accordait une importance particulière aux faux droits engendrés par les déficits publics. Il donnait comme exemple « les emprunts dont le produit est consacré au financement d'un déficit budgétaire résultant d'un excédent des dépenses de consommation sur les recettes d'impôts » (NB : de nos jours, la France consacre 97 % de ses dépenses au fonctionnement et 3 % aux investissements). Selon Rueff, les déficits publics ont la même nature que ceux d'une entreprise dont les charges ne sont pas entièrement couvertes par les produits. L'État produit des services, et les impôts en constituent en quelque sorte le « prix de vente ». Une section de son ouvrage majeur, *L'Ordre social*, est même intitulée « L'État, entrepreneur de services publics » (!). Imaginez un peu si l'on calculait la valeur ajoutée par les administrations en se référant non au coût de leur fonctionnement mais au montant des impôts qui les achètent...

Concrètement, les pouvoirs publics émettent des fausses créances en quantité astronomique sous la forme d'obligations, ce qui leur permet de distribuer des revenus supérieurs à la production ; ces revenus servent à payer nos importations en provenance de la Chine qui travaille encore, ou nos loyers effarants pour du haussmannien qui n'a pas beaucoup évolué depuis plus d'un siècle, ou des services publics qui incorporent très lentement le progrès technique et qui ne sont pas gérés en fonction des clients. Prenez par exemple le métro parisien, qui n'est pas beaucoup plus développé, rapide, propre et sécurisé qu'il y a cinquante ans : pourtant, son coût pour l'usager et le contribuable a été multiplié par 100, ce qui implique des gains de productivité négatifs, tous les ans, sur la longue durée, en toute impunité. Ensuite, tout le jeu consiste à faire circuler le mistigri, et nous savons que tout est bien organisé dans ce sens. Mais comme les « égouts collecteurs des droits non gagnés » (les taux de change) sont bloqués par l'euro et par sa gestion, les déséquilibres s'amplifient. Au bout d'un moment, tout le monde va s'en rendre compte.

Petite parenthèse. On voit le lien avec les idées d'allocation universelle (AU). Si un faux prix donne une fausse information sur un faux service, et si un faux service aboutit à un faux emploi, autant donner simplement l'argent aux gens ! Le moment viendra bientôt, en cas de refus de la remise des dettes par la BCE, où certains militeront pour une AU financée par la politique monétaire ; ce qui n'est pas forcément une mauvaise idée, mais avec des dérives potentielles bien plus graves qu'avec notre proposition. D'autant plus que la plupart des partisans de l'AU dans un pays comme la France n'ont pas bien compris que le mérite de ce dispositif est de se substituer à l'ensemble des autres aides publiques, pour plus de simplicité et d'évaluation : ils veulent faire de l'AU un nouvel étage de subventions.

Il y a peu de chances pour que cela s'arrête spontanément : d'une part, la croissance (la création de richesse susceptible de remplir de vérité l'enveloppe des faux droits) est de plus en plus basse ; d'autre part (et en lien !), la classe des « ayants droit » ne cesse de progresser. Une structure qui fonctionne ainsi ne sait pas s'arrêter. Jamais. Dans les médias, tout le monde s'en fiche car c'est un processus lent, et seules les morts rapides attirent l'attention.

Mais, au bout d'un certain temps qui est souvent celui de la cristallisation des intérêts clientélistes et corporatistes, les faux droits et les faux prix s'accumulent, partent en spirale, perturbent tous les calculs économiques, jusqu'au jour où il n'y a plus qu'à accepter des prix administrés, ou l'esclavage. La seule sortie par le haut est alors le cantonnement des dettes dans le bilan de la banque centrale, puis, par un jeu d'écriture, leur annulation : pour repartir, si possible sur d'autres bases, et au moins pour sauver ce qui compte le plus, les dernières forces productives.

La Chine n'a pas besoin, à ce stade, d'une remise des dettes

« Le problème de l'Occident au XXIe siècle, c'est le papier sans actifs ; partout ailleurs, ce sont les actifs sans papier » – Hernando de Soto.

Les dettes chinoises sont certes lourdes, mais elles ne sont pas dénuées de collatéral : elles ont permis de vrais projets, un renouvellement complet et utile du parc immobilier, des investissements scolaires et sanitaires impressionnants ; on en voit les résultats par exemple dans l'enquête PISA sur le niveau des élèves à 15 ans. De plus, quand il reste 5 % de croissance annuelle, rembourser des dettes contractées le plus souvent en dessous de ce niveau de taux d'intérêt ne relève pas de l'exploit, et ne nécessite quasiment aucune inflation. Enfin, la Banque centrale et le Trésor sont unifiés, ce qui, nous le verrons, change bien des choses en cas de soucis.

Les Chinois ont appliqué les conseils d'Hernando de Soto sur l'enregistrement légal des biens fonciers ; une forme de démocratisation du capital. Ils vivent, en accéléré, notre révolution cadastrale. Pour reprendre les termes du réformateur Charles Coquelin, la France a pu se moderniser lorsque, tout au long du XIXe siècle, le pays apprit à enregistrer les titres de propriété sur tous les actifs et de la sorte à « comprendre les milliers de fils que les entreprises avaient créés entre elles et ainsi socialiser et reconfigurer la production de manière mobile ». C'est une révolution juridique qui se fait en silence, mais ses effets concrets sont assourdissants, hier dans le monde rural, aujourd'hui dans les villes.

Les autorités luttent depuis plusieurs années contre le crédit. Et elles n'ont pas eu besoin de faire des tonnes de déficits lors du Covid. Nul besoin en Chine d'une thérapie de choc à base de remise des dettes et, depuis 2015, même pas besoin d'achats d'actifs (la taille du bilan de la banque centrale chinoise est stable, situation presque unique au monde).

La remise, une voie qui n'est pas aussi irrationnelle qu'elle semble l'être

Dès que l'on parle de remettre des dettes, on passe soit pour un utopiste, soit pour un péroniste. Je n'appartiens à aucune de ces catégories, et je soutiens que la remise des dettes peut être intégrée à la boîte à outils d'un économiste orthodoxe, libéral et… près de ses sous. Mais je dois reconnaître ici au préalable quelques dettes intellectuelles et spirituelles.

Plusieurs textes à l'origine de notre culture sont suggestifs de la supériorité morale mais aussi économique des remises de dettes. Une remise crée une forme d'obligation morale chez le débiteur, obligation qui souvent se substitue avantageusement à la dette matérielle. On récolte ce que l'on sème, et les lecteurs de la Bible savent qu'on peut *se faire des amis avec l'argent trompeur*. La remise des dettes est en effet une des formes du don, qui est la base du lien social ; et sans ce lien, aucun business n'est possible. Comme pour les ouvriers de la dernière heure rétribués autant que les ouvriers de la première heure, reconnaissons que ce n'est pas une leçon très intuitive : au-dessus de la comptabilité, il y a l'économie, et encore au-dessus il y a le pardon.

Il faudra se souvenir de cet enseignement quand nous verrons les objections à la remise des dettes en termes d'aléa moral ou de coûts exorbitants : il vient d'une époque où les ressources étaient bien plus limitées qu'aujourd'hui, où 25 % en plus ou en moins pouvaient conditionner les chances de survie. Les marges de manœuvre étaient faibles, le maigre surplus des récoltes était soumis aux caprices de la météo et des troupes romaines occupantes, et pourtant il était astucieux de se comporter largement avec les débiteurs : ne serait-ce que parce qu'un jour les choses peuvent mal tourner. Et de nos jours encore, elles peuvent mal tourner.

Les jubilés et les abandons de créances sont faits pour des motifs qu'un économiste est bien outillé pour comprendre. L'esclave ne travaillait pas de manière efficiente parce qu'il ne bénéficiait pas du fruit de son travail. De nos jours, quelle peut être l'ardeur d'un individu chargé d'une dette immobilière supérieure à la valeur de sa maison, ou d'un autre piégé dans l'enfer du crédit *revolving* ? Il est comme enchaîné à sa situation. Situation qu'il a contribué à provoquer en achetant un bien trop cher ou un crédit trop lourd, mais, comme le rappelait Gérard Thoris, il ne peut être tenu pour responsable du cadre monétaire et financier : ce n'est pas lui qui a dessiné la structure générale des incitations.

Souvenez-vous par exemple du plan Marshall. Il n'a pas vraiment représenté une impulsion nette pour la reconstruction de l'Europe, parce qu'il n'a jamais atteint une fraction importante des sommes nécessaires, et parce qu'il a autorisé certains gouvernements à maintenir des taux de change surévalués ; mais le fait qu'il s'accompagnait d'une remise des dettes (en particulier pour les Allemands), et de toute une communication politique, a fait son succès, pour un coût négligeable dans les finances américaines. Bien que cela ait été fait en pleine guerre froide, c'est-à-dire autant « contre les autres » que « pour les uns », c'est au nom d'un avenir meilleur (une Europe capable d'être une vitrine du capitalisme face à Staline) qu'on a su se délester du poids du passé. La générosité, quand elle ne coûte pratiquement rien, est d'un excellent rendement. Aujourd'hui, remettre les dettes coûterait encore moins (car elles sont déjà en partie logées au bilan de la banque centrale, et car il n'y a plus de fortes anticipations d'inflation à moyen terme), et rapporterait beaucoup.

Enfin, la remise permettrait peut-être de retrouver un juste rapport à l'argent. Un juste rapport, c'est d'abord l'utiliser, et si possible pour réaliser des buts élevés. Christine de Suède disait : *les avares rendent leur argent inutile.* Remettre les dettes est un geste qui fait circuler l'argent au lieu de l'empiler de façon stérile à Francfort : tout ce qu'il faut dans une économie où la vitesse de circulation de la monnaie a beaucoup diminué ! Remettre la dette, c'est considérer l'argent comme un moyen et non comme un but. Les grands entrepreneurs ne procèdent pas autrement. Quand on pousse plus loin cette idée, on trouve que l'argent est un don. Cela semble naïf, mais ce n'est pas plus naïf que de croire que les 5 000 milliards d'euros de titres dans l'ordinateur de la BCE servent à quelque chose une fois qu'ils ont été achetés et doivent y rester jusqu'au Jugement dernier.

Toute dette régulièrement contractée est due ; mais en cas de difficulté grave d'un débiteur, mettant en cause sa survie ou sa capacité contributive, le créancier doit adapter sa créance à la situation réelle du débiteur. À long terme, c'est dans l'intérêt de tout le monde. Ce principe doit certes être concilié avec la problématique de survie du créancier, qui peut justifier la mise en œuvre de garanties. Mais nous verrons qu'il n'y a pas trop de probabilités de faillite pour la BCE…

Résumons. Les dettes métastasées depuis 2008 pèsent bien souvent sur des bases productives qui ont disparu, et comme elles ne sont plus écrêtées comme jadis, elles s'accumulent, pèsent jusqu'à rendre le travail vide de sens, surtout pour les plus jeunes. En ce sens, ces dettes-là sont illégitimes, même facturées à des « taux bas » ; d'ailleurs, elles ne rémunèrent plus un risque depuis fort longtemps (et c'est le marché qui nous le dit !). Après le Covid qui a provoqué une nouvelle flambée de dettes non couvertes par des actifs basés sur une croissance crédible, cela ne s'est pas amélioré. Il est donc à craindre que les solutions préférées de nos économistes français du Massachusetts (un impôt plus lourd et mieux réparti sur l'espace européen, et des classes dédoublées pour leurs collègues enseignants moins gradés…) ne soient pas tout à fait adaptées.

Partie II

La proposition

(Précisons bien encore qu'il ne s'agit pas de répudiation ou de défaut. Il s'agit du stock inerte de dettes souveraines détenues par la BCE, achetées sur le marché à partir de 2015 ; près de la moitié sont associées aux achats de 2020-2022, à la suite d'un choc externe. Les marchés et les banques ont vendu ces titres à la BCE contre du cash, ils n'en sont plus les propriétaires, ils ne seraient donc lésés en rien ; tout au contraire, on fait disparaître une épée de Damoclès, et on fait baisser les *spreads*.)

La proposition : un écrêtement progressif des dettes détenues par la BCE ?

Alors voilà : un jour, à la page 324 d'un de ces documents soporifiques dont la BCE a le secret et que personne ne lit, dans les notes de bas de page en Arial 6, on apprendra que l'on a procédé à un *write-off* (effacement) sur 5 ou 10 % des actifs du système européen de banques centrales. Les dettes sont écrêtées. On s'organise de la même façon l'année suivante, et l'année d'après, jusqu'à annulation d'une bonne moitié des actifs. Le bilan se retrouve fortement déséquilibré, d'autant que l'on aura pris soin en même temps d'alimenter généreusement l'économie en monnaie (les pièces, billets et dépôts, qui figurent au passif de la banque centrale) : un passif plus important face à un actif réduit de moitié. La BCE assume alors de fonctionner durablement en *equity negative*, en valeur nette négative – ce que rien n'interdit, et ce que de nombreuses banques centrales estimables ont fait, dans la durée, sans conséquences discernables sur l'inflation. Pour ne pas avoir à répéter cette expérience à chaque cycle, des mesures sont prises pour modérer, en amont, la création de dettes privées et publiques (cf. toute la dernière partie de ce livre).

On peut imaginer à partir de là plusieurs variantes : ma proposition est volontairement floue. Je préfère avoir à peu près raison que très précisément tort. D'une part, il faudra faire face à divers obstacles et objections : en fonction de l'opposition rencontrée, il pourra être utile de moduler la vitesse d'écrêtement, la nature et la maturité des dettes annulées, etc. D'autre part, un peu de flou est peut-être nécessaire pour le maintien d'une « ambiguïté constructive » tant que les acteurs ne se sont pas engagés dans de nouvelles règles qui limiteront les dettes futures. Ce qui signifie que la situation devrait rester un moment fluide, le long d'une courbe d'apprentissage, une fois le principe reconnu.

On pourrait donc faire en sorte que la remise soit plus ou moins explicite, plus ou moins marquée, plus ou moins rapide, plus ou moins accompagnée de création monétaire. En zone euro, où le processus de japonisation est plus avancé qu'aux États-Unis, c'est plutôt une dose de cheval qu'il faut envisager, et vite.

Conséquences

Ce que je vise est une détente monétaire marquée qui ne manquera pas de faire baisser l'euro. Mais il ne s'agit pas d'une dévaluation ou d'une manœuvre mercantiliste, juste d'un retour à l'équilibre, après dix-neuf années d'un euro trop cher. C'est pourquoi la taxe inflationniste sera limitée et compatible avec la cible officielle d'inflation. L'entrepreneur actif sur les marchés mondiaux y gagnera ce que le rentier y perdra ; de sorte que les ratios d'endettement seront abaissés, une première fois par la remise (graphique ci-dessous), et une deuxième fois par un retour à une structure plus équilibrée des gains et des risques dans la société.

Ce que pourrait faire tout pays riche doté d'une banque centrale amie

Un effacement chaque année ferait mieux le travail que bien des taux d'intérêt négatifs ou efforts fiscaux ; comme cette petite modélisation datée de 2021 le montre, même si ce n'est qu'une tentative.

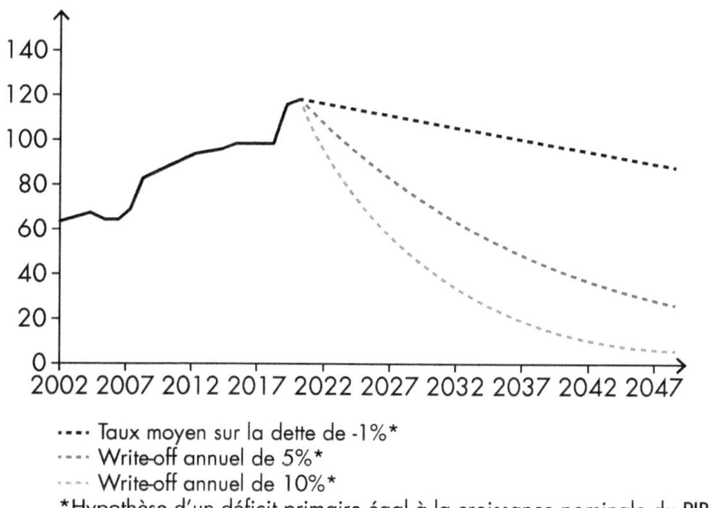

France : dette publique (% du PIB)

- Étape 1 : de vastes achats jusqu'à environ un tiers du stock des dettes publiques ; c'est déjà fait.

- Étape 2 (facultative) : vaste *swap* vers des obligations 50 ans et plus, et/ou application d'un taux d'intérêt négatif (mais cela prendrait du temps) ;
- Étape 3 : annulation progressive, plus ou moins rapidement et discrètement ; un effacement de 5 % par an pour nous, Français, nous ramènerait (toutes choses égales par ailleurs) aux 60 % de dette publique par PIB de Maastricht vers 2033 ; avec un taux de 10 % par an, dès 2027…

Où sont les perdants ?

En quelques années, cette dette fantôme est divisée par deux, personne n'est lésé dans l'économie, un choc fiscal est écarté ; la France industrielle en particulier se porte mieux, et on lui évite le remède protectionniste qui la tuerait. La zone euro n'est pas sauvée ou totalement assainie, mais le pouvoir change de main, et au moins change de ton.

Pourquoi il faut passer par le bilan de la BCE ?

Aucun autre acteur n'est de taille pour résoudre un problème aussi lourd. Et aucun autre acteur ne porte autant de responsabilités dans la genèse du problème, et dans son pourrissement.

La taille, ça compte

Nulle part ailleurs on ne trouve une force de frappe aussi considérable.

Le bilan des trois principales banques centrales (Japon, États-Unis et Europe) est passé de 3 400 milliards de dollars en 2007 à plus de 20 000 milliards fin 2020. Le bilan total de la seule FED a doublé en 2020. La BCE détiendra bientôt 30 % des dettes publiques de la zone euro ; c'est déjà 50 % au Japon. Elles achètent déjà des obligations d'entreprises, des créances immobilières, des emprunts de collectivités locales, divers produits titrisés, et même des actions s'agissant des deux banques centrales les plus avancées dans la boulimie bilancielle, la Banque du Japon et la Banque nationale de Suisse.

Les chiffres sont un peu abstraits, il faut les comparer pour bien voir ce qui s'est passé. De 2007 à fin 2019, l'endettement public des pays du G7 a augmenté de 20 trillions de dollars (de 25 000 milliards à 45 000 milliards), le PIB nominal de ces pays n'a augmenté que de 7,8 trillions, et le bilan des quatre grandes banques centrales a enflé de 11,4 trillions ; la crise née du Covid n'a fait que confirmer et accentuer la tendance consistant à utiliser le bilan de nos banquiers centraux comme réceptacles et lieux d'échanges, maintenant que l'argent circule moins bien entre les banques et dans l'économie.

Je n'ai rien contre les initiatives ministérielles sympathiques à un ou deux milliards d'euros dont nos journalistes sont friands, mais il faut avoir les ordres de grandeur en tête.

Avec le Covid-krach, on a observé un début de prise de conscience. Mario Draghi a décrit la menace d'une catastrophe aux « proportions bibliques », et avait recommandé qu'on annule les dettes des entreprises. Sans le dire vraiment, la France pratique un effacement, sous la forme de reports de charges et d'impôts qui ne seront probablement jamais demandés. Il vaudrait mieux, car on estime que le remboursement des prêts Covid va peser sur les marges des entreprises françaises dans les cinq prochaines années à hauteur de plus de 5 points de pourcentage (par rapport aux taux de marge moyen de 2019 qui était déjà bien trop faible). Même procédé implicite en Italie et au Royaume-Uni, où les ménages se sont vus temporairement autorisés à ne pas payer les mensualités de leurs crédits immobiliers. En principe, ce sont des reports ; en réalité, il y a toutes les chances pour que ce soient des annulations. Ces initiatives montrent hélas qu'ils ne savent pas bien s'y prendre pour annuler proprement les dettes : ils improvisent, n'assument pas, ne passent pas par les bilans des banques centrales (autrement dit, ils devront monter les impôts ou abaisser les prestations, un jour ou l'autre), et ils multiplient les actions catégorielles, à la tête du client. Ainsi, là où la remise des dettes avance concrètement, c'est dans le domaine des dettes étudiantes américaines, c'est-à-dire pour… les futurs plus riches du pays le plus riche, qui verront leurs études être payées par des classes moyennes. On peut faire mieux.

La monnaie est (aussi) faite pour cela

Nous avons tous appris dès le lycée les trois fonctions de la monnaie : moyen d'échange, unité de compte, réserve de valeur. Cette vision trifonctionnelle est en apparence une pédagogie complète et élégante ; elle date d'Aristote, et elle a les apparences de la neutralité. En réalité, dans le contexte économique moderne, c'est de la pure propagande. Car, au-delà des trois fonctions techniques, la monnaie est une entreprise du connaître (fonction cognitive), un instrument du lien social, et puis elle a aussi pour objectif l'apurement des créances. C'est-à-dire, parfois, solder le passé, l'oublier.

L'insistance sur les trois fonctions traditionnelles semble avoir pour but de gommer les deux grandes hétérodoxies non marxistes de l'économie : la vision autrichienne (Hayek, Mises...), qui met l'accent sur la fonction cognitive, et qui, bien entendu, est totalement incompatible avec un système de taux de change fixes comme l'euro ; et la vision chrétienne, qui devrait militer pour des jubilés sur les dettes, c'est-à-dire sur ce que Nietzsche (il est vrai que son christianisme est douteux...) appelait la « faculté positive d'oubli », autrement dit ici l'apurement des créances. Ces deux écoles de pensée sont structurellement détestées par les systèmes scolaires et universitaires, et bien entendu elles n'ont pas non plus la faveur de nos nouveaux maîtres des marchés financiers, les banquiers centraux indépendants. Ces derniers donnent le *la* en matière d'enseignement et de communication, en particulier en Allemagne depuis les années 1970. Nous sommes donc prisonniers des trois fonctions, qui concrètement se limitent à une seule : car ils parlent de trois fonctions, mais ils n'en ont qu'une seule en tête bien entendu, la réserve de valeur !

L'objectif de cette représentation classique de la monnaie agitée par les banquiers centraux est de dépolitiser la monnaie, d'en faire un objet, un peu comme l'or, alors qu'un système monétaire moderne basé sur la confiance se devrait d'être évolutif, souple. L'étalon-or, dans sa forme canonique, n'a fonctionné que durant quarante ans à peine (et encore, avec un État-providence très peu développé, et avec plein de crises) : car il n'autorisait aucune respiration, il n'apprenait rien et il ne pardonnait rien. Il a disparu dans les premiers jours de la guerre de 1914, avant même les tranchées, et il n'est jamais revenu, en dépit de nombreuses tentatives.

Dans la vie, tout s'oxyde. Même la monnaie et les dettes. Regardez la propriété intellectuelle : on la célèbre partout, même chez les cultureux peu suspects d'être des admirateurs du capitalisme ; mais on la limite dans le temps : sinon, nous serions obligés de payer éternellement des droits pour un catalogue des Beatles maintes fois rentabilisé. Et nous avons tous de vieilles pièces ou billets qui n'ont plus cours, qui témoignent du caractère conventionnel de la monnaie. La dette elle aussi devrait être limitée dans le temps : chez les anciens juifs, par des effacements tous les sept ans ; chez les chrétiens, par les jubilés (et par la stigmatisation de l'intérêt) ; au cours de l'histoire, par les révolutions, les guerres et l'inflation, qui remirent fréquemment à plat les créances, mais au prix du désordre ; peut-être demain par les grandes marges de manœuvre dont dispose une banque centrale dans une ère d'inflation faible, de façon plus ordonnée.

Comment se fait rapidement et efficacement un apurement ? Par la monnaie. Par « l'égout collecteur des droits non gagnés », c'est-à-dire les taux de change. Toujours dans les mots de Rueff : obliger la banque d'émission à acheter, pour les monétiser, ces fausses créances. L'inflation avait permis après 1968 de gommer une partie des augmentations intenables des accords de Grenelle. De nos jours : effacer une partie de ces créances cryogénisées, faire baisser l'euro cher au passage, pour un nouveau départ.

La banque centrale doit agir quand la japonisation s'installe depuis quinze ans

Pourquoi faire feu de tout bois et le plus vite possible ? Parce que la déflation agit comme une antipolitique structurelle, en maximisant la rigidité des salaires, comme un masque en perturbant les calculs des agents, comme une bombe à neutrons qui laisse tranquilles les apparences tout en détruisant la valeur et les forces productives, et *in fine* comme un agent de la révolution. Je suis radical en matière monétaire parce que je suis conservateur en matière politique : le meilleur moyen d'éviter les extrêmes est de prévenir et au moins de corriger les grandes fluctuations cycliques déstabilisantes, dès le début, sans état d'âme, par la politique monétaire. À chaque fois que la réponse monétaire a été tardive et timide, et elle l'est systématiquement en zone euro (après 2008 : sept ans pour obtenir des achats d'actifs, contre sept mois aux États-Unis et sept semaines en Chine...), des voies ont été empruntées qui ont souvent aggravé le mal (déficits, c'est-à-dire impôts, réglementations, crédit administré). De ce point de vue, 2020 semble avoir été une réédition de 2008.

Certains essaient de vous rassurer en vous disant : « Qui paye ses dettes s'enrichit. » À l'échelle de l'individu, ce dicton semble très valable, mais à l'échelle macroéconomique il n'est pas opérant. Ma dépense est votre revenu, et votre dépense est mon revenu ; donc, si tout le monde cherche à se désendetter, l'économie et les prix chutent, et *in fine* non seulement il n'y a pas d'enrichissement, mais en plus le stock de dettes sera plus élevé, en termes réels. C'est la théorie de la déflation par la dette, qui dans la pratique se marie bien avec une monnaie trop chère, comme en Angleterre vers 1925, dans les pays d'Europe du Sud au début des années 2010, ou en zone euro en 2020 ; une crise monétaire que les acteurs économiques attribuent trop à diverses forces obscures et pas assez à leur banquier central. Quand ce dernier se défend par un très classique « Mais les taux d'intérêt sont bas, c'est bien la preuve que je fais le maximum ! », soit il n'est pas de bonne foi, soit il tombe dans la même illusion que les ménages qui ont confondu leurs dettes nominales avec leurs dettes réelles : des taux peuvent être trop hauts à 0 % (Japon) et trop bas à 50 % (Argentine). Vous croyez être protégé parce que vous êtes endetté à des taux fixes, mais vous n'êtes pas protégé contre ce mécanisme. La preuve : vous dites que « les taux sont bas ».

Suivons Irving Fisher, le grand théoricien de la monnaie dans l'entre-deux-guerres : si, après une période d'endettement excessif, les entreprises procèdent à des ventes en catastrophe pour restaurer la liquidité de leur bilan, l'économie bascule dans un régime de déflation. Même si le volume nominal de la dette se réduit, son montant en termes réels augmente. L'alourdissement de la dette conduit à son tour à une nouvelle vague de ventes, donc à une nouvelle baisse des prix, etc. Plus les débiteurs remboursent, plus ils doivent ; jusqu'au jour où il sera rationnel pour eux de faire défaut. La « *debt-deflation* » à la Fisher va bientôt fêter ses 90 ans, mais reste une grille d'analyse féconde : j'aime ce genre de théorie du cycle qui intègre les effets richesse car l'économie moderne est (qu'on le regrette ou non n'y change rien) très financiarisée. C'est aussi un mécanisme contre-intuitif, et il n'y a rien de plus pérenne qu'un enchaînement basé sur une vaste incompréhension par tous les acteurs. Et ce n'est pas vous faire injure que de souligner la force de l'illusion nominale, qui régentait la moindre négociation salariale et de nombreuses élections dans les années 1970, et qui de nos jours dans l'autre sens domine la moindre discussion sur les « taux bas » ou sur la « création monétaire excessive ». La plupart des professionnels ont passé le plus clair des quinze dernières années à nous parler d'un risque de déluge en pleine sécheresse.

Quand la monnaie manque ou ne circule plus, il faut en créer ou la refaire circuler. C'est le message commun des plus grands spécialistes en politique monétaire à travers les âges ; des auteurs qui ne sont pas réputés pour leur laxisme vis-à-vis de l'inflation. Leland Yeager indiquait dès les années 1950 (*A Cash-Balance Interpretation of Depression*) : « Une dépression est un excès de demande de monnaie, dans le sens que le public souhaite détenir plus de monnaie qu'il n'en existe. » Milton Friedman plaida pour que la banque centrale devienne une division du gouvernement chargée de le financer à 0 % (« En période de chômage, il est moins déflationniste d'émettre des titres que de lever des impôts. Si c'est effectivement exact, il est moins déflationniste encore d'émettre de la monnaie »). Erwan Mahé, après 2008, écrivait que, de la même manière que les autorités doivent protéger la valeur de la monnaie lorsque celle-ci est menacée (inflation), elles doivent aussi protéger la société de son manque ; la vraie solution : *Print, Don't Lend* ! Imprimer, et non prêter (l'inverse de ce que l'on fait depuis 2007...). Kenneth Rogoff suggérait pour les États-Unis en 2009 le rachat (et l'annulation) par la FED auprès des banques de l'excès d'endettement des ménages en *equity négative* sur leur maison, et l'annulation de ces positions de crédit de manière à les ramener en positif et à les resolvabiliser : une forme de création monétaire sans contrepartie. La FED aurait racheté ces fractions de crédits hypothécaires aux banques à un prix supérieur à leur valeur (nulle, puisque les crédits achetés sont ensuite annulés), et la reprise économique n'aurait pas pris autant de temps. Mais le moins que l'on puisse dire, c'est que tous ces auteurs (et quelques autres) ne sont pas bien vus du côté de Francfort.

La BCE doit d'autant plus agir qu'elle participe à l'accroissement des dettes depuis des années !

La gestion de la monnaie en zone euro est centrée sur l'idée de « stabilité des prix » dans le traité européen, mais ce dernier dit aussi que si la stabilité est assurée (et il ne fixe pas de chiffre en la matière) alors la banque centrale fait ce qu'il faut pour aider l'économie et l'emploi – ce qui est la sagesse même. Cette stabilité des prix a-t-elle été assurée ? Référons-nous à la cible d'inflation de la BCE, dont on a curieusement confié la définition à la BCE elle-même : une inflation (calculée avec l'indice des prix à la consommation : le très imparfait « panier de la ménagère ») en dessous de 2 % par an, mais proche de 2 % par an. Ils auraient pu prendre une meilleure mesure de l'inflation, et surtout choisir une meilleure cible (l'activité nominale au sens large), mais passons. Est-ce que la cible a été respectée ? Non : de 2009 à 2020, la moyenne n'est pas juste en dessous de 2 %, mais juste en dessous de 1 %. Un point de pourcentage chaque année, cela n'a pas l'air énorme, mais pour ceux qui se sont endettés sur cette base, au bout d'une décennie, c'est très sensible ; et aussi pour tout le reste de l'économie. D'après les critères mêmes des autorités à Francfort, la stabilité des prix est violée ; vers le bas. Violée par eux, et pas par le manque de chance ou par l'empilement de facteurs particuliers venus d'autres continents : on peut se servir de divers boucs émissaires pendant un an ou deux, pas pendant une douzaine d'années. Cette « désinflation comparative » pousse l'euro vers le haut par rapport aux autres monnaies, ce qui en retour pousse nos prix vers le bas, et une boucle malthusienne se met en place, au fond depuis que Jean-Claude Trichet est arrivé aux commandes de la BCE en 2003 (même s'il a fallu attendre 2008 pour percevoir les dégâts).

C'est ici qu'il faudrait rappeler l'équation quantitative de la monnaie. Pour obtenir un certain niveau d'activité (de PIB nominal), il faut de la création et de la circulation monétaire. La croissance de ce PIB nominal (l'ensemble des revenus nominaux) étant ce qui aide à payer les dettes, tout endormissement à Francfort complique le scénario du remboursement : quels que soient les efforts des uns ou les fautes des autres.

Si la quantité d'argent dans l'économie est insuffisante par rapport aux échanges, les dettes se répandent pour compenser ce manque. Rien que de très logique : l'argent manque, il faut donc recourir au crédit (de la monnaie aussi, mais *empruntée*). Toutes nos économies croulent sous les dettes après trois décennies de rigueur monétaire ; ce n'est pas un hasard. Ne pas augmenter l'endettement privé et public est impossible dans ce système désinflationniste qui vire de plus en plus à la déflation ; le réduire, encore plus, à moins de siphonner l'argent des voisins par des excédents commerciaux énormes (la stratégie mercantiliste de l'Allemagne, incompatible au passage avec l'hégémonie monétaire qu'elle exerce et le fédéralisme européen qu'elle revendique).

Déjà, il y a la responsabilité du régime de changes, dont la BCE est le gardien : « *Whenever you have a pegged exchange rate system like that, it has a tendency to let small problems accumulate into big ones and then to create a crisis*[7]. » Si l'on traduit en bon français à peu près simple : les systèmes de changes fixes ferment les soupapes de sécurité, c'est pourquoi ils finissent toujours par sauter. Ce que les gens perçoivent confusément comme des déséquilibres croissants (comme les dettes excessives) sont souvent des sous-produits du fixisme monétaire, nominaliste et dirigiste, qu'on leur a imposé (ou qu'ils ont ratifiés sans bien comprendre le prix à payer toujours plus élevé). Illustration. Quand la Grèce a rejoint l'euro, ce dernier se situait à 0,87 contre un dollar. Cinq ans plus tard, il est à 1,6 ! Un durcissement monétaire inouï, et imprévisible pour des gens qui évoluaient depuis longtemps dans une structure économique qui fonctionnait depuis toujours à la dépréciation. Quand les discussions eurolandaises dérivent vers le manque de « compétitivité » de la Grèce, il faut rappeler que sa monnaie avait été divisée par 7 ou 8 au cours des vingt années qui ont précédé l'entrée dans l'euro, et que depuis ce mécanisme d'ajustement n'existe plus ; la

7. Milton Friedman interrogé par Radio Australia, 17 juillet 1998, https://web.archive.org/web/19991018220901/http:/www.abc.net.au/money/vault/extras/extra5.htm

drachme tend depuis sa transformation en euro à s'apprécier légèrement contre le dollar, ce qui n'a aucun sens économique. Nous sommes bien ici dans une crise monétaire (pas dans une *crise des dettes*). Qui n'a pas été résolue, et donc qui reviendra.

Le consensus des analystes croient encore que l'euro est à sa place, proche de son niveau initial, proche de la « parité d'équilibre fondamentale », disons autour de 1,18 dollar. Ils oublient que depuis quinze ans TOUTES les grandes évolutions économiques et financières ont sacré la Chine et les États-Unis, nullement la zone euro : jusqu'en 2007 environ, les analystes pensaient que l'avenir avait autant de chances d'être incarné par Nokia que par Apple ; le monde a changé, pas les analystes. Une douzaine de boîtes non européennes ont réalisé la quasi-intégralité de la création de valeur depuis plus de quinze ans, mais la valeur d'équilibre de l'euro ne change pas : cherchez l'erreur.

Une monnaie forte ne peut être que la résultante (et non la cause) d'une économie forte ; on l'a trop oublié en zone euro, avec l'orgueil mal placé de nos autorités. C'est pourquoi je parle d'un euro cher, et non d'un euro fort : un euro fort nous rapproche de la cible d'inflation, un euro cher nous en éloigne. La force d'une monnaie est la conséquence de sa bonne gestion qui rejaillit sur l'économie ; sa cherté cause le marasme, en détournant les capitaux de notre continent, en avantageant les rentiers au détriment des entrepreneurs, et en durcissant les conditions monétaires (qui ne se limitent pas aux taux d'intérêt).

Il faut savoir que le moindre désalignement de taux de change se paye plus cher en zone euro qu'ailleurs, même si cette facture passe généralement inaperçue car toutes nos autres soupapes ont disparu ou sont entravées : les marchés du travail (fragmentés, rigides), les taux d'intérêt (soviétisés), les taux de change nominaux entre les pays (éradiqués par l'euro). Au bout de dix-huit années d'un euro trop cher, comment notre industrie de moyenne gamme réussit-elle encore à subsister sur les marchés mondiaux ? Est-ce très étonnant, par exemple, que le CAC 40 soit de plus en plus dominé par des groupes du luxe, qui ne connaissent pas ce problème, et plus largement que l'espace économique eurolandais ait l'air si fragmenté, comme une collection de niches ou de pépites isolées ?

Ensuite, il y a la responsabilité des banques centrales en général et de la BCE en particulier dans une dérive sociétale qui est le déplacement insidieux de la norme, de la jauge à partir de laquelle l'inflation est considérée comme canalisée. Paul Volcker, celui qui a tué l'inflation en Occident et que personne ne prenait pour un plaisantin, a déclaré victoire sur ce front au milieu des années 1980, une fois l'inflation stabilisée autour de 4 % par an ; de nos jours, on parlerait de choc inflationniste pour moins que cela. Ce sont les banquiers centraux qui ont tout fait pour abaisser cette norme sociale, en commençant par la promotion de cibles à 2 %. Tous ceux qui se sont endettés de 2008 à 2020 sur la base d'une inflation projetée à 2 % par an se sont fait avoir, et devraient donc être « indemnisés » par la BCE ; c'est le fondement économique au fond très orthodoxe de ma proposition de remise !

Depuis 2007, très systématiquement, les autorités ont accordé aux gens l'inverse de ce dont ils avaient besoin. Ce dont les entreprises et les banques ont besoin, ce ne sont pas de prêts à des taux plus ou moins bradés, mais de fonds propres : vers 2010, le Trésor américain a judicieusement donné 250 milliards aux banques pour qu'elles se recapitalisent (alors que le climat politique était foncièrement hostile aux banques) ; nous préférons en zone euro leur prêter en douce, au fil de l'eau. Les ménages et les entreprises ont surtout besoin de perspectives d'activité : donc un soutien à la demande agrégée, un cadre stable et prévisible pour le PIB, et un euro pas trop cher ; au lieu de ça, on a essayé de leur refourguer un choc d'offres (à contretemps, et hypocrite : des « réformes structurelles » à la « *start-up nation* »), et devant l'échec total de cette médecine, on est passé au *mix* japonais idiot des années 1990 : des taux d'intérêt administrés couplés à des déferlantes budgétaires.

Ajoutons les « carences de la supervision » (pour rester poli). Selon Jean-Claude Trichet, interviewé dans *Les Échos* le 15 février 2011 : « certains gouvernements se sont comportés de manière anormale, individuellement, et tous ont négligé la surveillance qu'ils auraient dû exercer collectivement ». Ce n'est qu'un exemple parmi 100 citations du même genre. Mais quid de sa surveillance à lui ? Pourquoi le système européen de banques centrales a-t-il assisté, les bras ballants, à une fantastique bulle immobilière[8] dans presque tous les pays de la zone euro, pendant des années, sans rien dire, sans rien faire ?

8. On a assisté à une orgie bancaire et à des bacchanales immobilières (en France le patrimoine immobilier a été multiplié par 2,4 entre 1999 et 2008...), pendant des années, sans la moindre réaction de la très rigoriste BCE, qui est devenue rigoureuse *après* la constitution des bulles. Elle aurait pu, par exemple, promouvoir une modulation du coefficient de réserves des banques dans certains pays en surchauffe.

Ils n'ont jamais perdu une occasion de manquer une occasion. À partir de l'été 2007, ils se sont concentrés sur la liquidité alors que le problème des banques était en fait un accès au collatéral (puisque le marché des instruments de titrisation et de tout un tas de titres très en vogue jusque-là était bloqué). Puis ils ont nié l'euro trop cher, systématiquement. Ils ont aussi nié la déflation, partout, même en Grèce. S'ils avaient pu nier la mort d'Elvis, ils l'auraient niée. Pourquoi refusaient-ils le *quantitative easing* que toutes les autres banques centrales acceptaient et dont toutes les expériences montraient l'innocuité du point de vue de l'inflation ? Pourquoi refusaient-ils d'abaisser les taux d'intérêt alors que la croissance nominale chutait ? Pourquoi ce faisant laissaient-ils l'euro aussi cher aussi longtemps, en pure imitation du Japon des années 1990 ?

En lui demandant d'effacer une partie de ses « actifs », **on ne fait que demander à la BCE une « compensation » pour ces nombreuses fautes**, ses encouragements à l'endettement (1999-2006) puis sa politique d'austérité au pire moment (2007-2015) qui a magnifié les dettes en termes réels. Sans compter sa réaction pour le moins curieuse face au choc déflationniste du Covid-19 : des achats d'actifs très classiques, pas de baisse des taux, pas de modification de la cible ou de la stratégie comme à la FED, et à nouveau une grande tolérance vis-à-vis d'une montée de l'euro au pire moment, déconnectée des fondamentaux. La crise sanitaire a caché une nouvelle série monétaire de tirages de balles dans le pied qui va ralentir l'activité et qui stimulera l'activisme budgétaire ruineux.

La BCE n'a fait que le minimum depuis le début de la pandémie : un activisme de sous-préfecture. Sans imagination, sans enthousiasme aucun, et avec la transparence d'un gros bloc de basalte. Elle a, par exemple, élargi aux dettes très dégradées le collatéral apporté pour le refinancement des banques de la zone euro, mesure temporaire destinée à atténuer l'effet sur la disponibilité des garanties d'éventuelles baisses de notation à venir. On pourrait multiplier les exemples de mesures techniques, qui ravissent les spécialistes ; mais, pendant ce temps, l'euro a monté contre le dollar, alors même que le recul de PIB était bien plus violent en zone euro qu'aux États-Unis (sur 2020-2021, 3 points de PIB d'écart deux années de suite, alors même que la gestion de la crise sanitaire aux États-Unis ne passe pas pour exemplaire). Puis, en 2022, elle a cherché à imiter la FED, alors que les Américains ne sont touchés en rien par le conflit ukrainien et ne comportent pas des pays comme l'Italie qui sont à la limite de la ligne de flottaison. Si ce nouveau durcissement à Francfort était une demande du marché, il n'y aurait pas d'inversion de la courbe des taux (les taux courts dont la BCE a la charge ne tendraient pas à dépasser les taux longs fixés par le marché et censés incorporer des anticipations d'inflation future). C'est une demande de la Bundesbank et de ses alliés, qui voient l'épisode d'inflation comme une divine surprise.

Un bilan de banque centrale ne s'analyse pas comme un bilan ordinaire !

De nombreux experts financiers ont appris à décortiquer un bilan d'entreprise, mais pas un bilan de banque centrale. Pas de nécessité ici d'équilibrer l'actif et le passif. Pas de *mark-to-market*. Pas de commissaires aux comptes. Pas de risque de faillite au sens littéral. Un autre monde.

Le capital : quel capital ?

Au milieu de 2021, la BCE a un capital de 109 milliards d'euros, et des actifs pour 6 782 milliards : un levier de 60 ! Ce n'est pas ordinaire, c'est assez exorbitant du droit commun, et manifestement sans limites. La FED a un levier de 700 ! En fait, c'est comme si la FED fonctionnait sans capital, ou presque ; et le Congrès pique dedans, plus ou moins régulièrement, à sa convenance ! Quant au capital de la Banque du Japon, hors réserves, il n'est que de 100 millions de yens, le prix d'un appartement de 80 mètres carrés à Paris…

Le niveau de capital de la banque centrale est parfois déterminé par la loi organique sur les statuts de celle-ci et reste donc inerte ; d'autres coussins de sécurité existent (réserves de réévaluation, provisions), et les banques centrales ont une grande marge de discrétion pour fixer le niveau de ceux-ci. L'idée qu'elles seraient un jour « forcées de recapitaliser » est donc très théorique.

Une affaire industrielle ou commerciale repose sur des fonds propres, qu'il faut penser à rémunérer. Les fonds propres d'une banque centrale ne sont pas ordinaires. Si j'étais un peu provocateur, je dirais qu'ils ne servent à rien. Notre banquier central ne va pas se lancer dans des projets, des investissements... Il a certes besoin de quelques sous pour son building flambant neuf et mégalo à Francfort, et pour quelques petits extras, mais c'est tout. Et à moins de privatiser la BCE (comme en Suisse par exemple où vous pouvez acheter des actions de la banque centrale sur le marché), il n'aura pas à rémunérer ces fonds propres ; là encore, il ne faut pas perdre de vue que les actionnaires de la BCE sont les États.

L'éventualité de « détruire les fonds propres » est donc en principe pour la BCE un non-événement ; comme l'écrivait Lordon : émettrice de la monnaie, elle peut monétiser ses propres pertes et, si besoin s'auto-recapitaliser par création monétaire, ce qui ne provoquera pas de gros remous si l'on parle de quelques dizaines de milliards dans une économie aussi vaste[9]. Quant à la FED, elle dispose elle aussi d'un atout intangible, non capitalisé, qui transcende son bilan et qui est appelé plus explicitement que chez nous « *license to print money* » : autorisation à émettre de la monnaie. Cet actif immatériel vaut (quel que soit le taux d'actualisation employé) des trillions et des trillions de dollars. En comparaison, Fort Knox, c'est pour les touristes.

La base monétaire placée au passif de la banque centrale ? Une convention, très fictionnelle

On peut émettre de la base monétaire à volonté. Et puisque la base monétaire n'a pas vocation à être

9. Frédéric Lordon, *La Malfaçon*, Les liens qui libèrent, 2014.

remboursée (vous vous voyez remettre vos pièces et vos billets à la Banque de France en échange d'une sorte de reconnaissance de pouvoir d'achat ?), cela ne fait pas sens de la considérer comme un passif de la banque centrale (bien qu'elle soit considérée comme un actif pour ses détenteurs). C'est une pure convention. C'est un point qui est très peu étudié dans les scénarios de banqueroute, mais je fais court ici car je confesse souhaiter que la remise des dettes (à l'actif) s'accompagne au même moment d'une vive progression de la base monétaire, de l'autre côté. L'important, ici, est de comprendre que le passif de la BCE est assez largement imaginaire ; il ne constitue pas une « dette » à proprement parler : ou alors, que l'on m'indique son taux d'intérêt moyen, sa maturité, etc.

Le bilan de la banque centrale, son compte de résultat et sa contrainte budgétaire intertemporelle se confondent en réalité avec ceux de l'État, ce qui nécessiterait une vision consolidée.

Willem Buiter (ancien chef économiste de Citibank, ancien de la Banque d'Angleterre, encore un individu peu suspect de marxisme-léninisme) écrit que la banque centrale est toujours un agent de l'État, même si ce n'est pas un agent du gouvernement. Aux États-Unis, cette distinction n'a jamais été perdue de vue. Largement autonome, la FED n'est pas (pas encore ?) indépendante : elle doit rendre des comptes au souverain, c'est-à-dire au Congrès. Nous en sommes loin en zone euro, mais la consolidation des comptes (États + BCE) serait très légitime.

S'il reste bien une contrainte budgétaire ultime pour une banque centrale, liée à la fameuse « confiance dans la monnaie » (mais si je suis payé en euros et que je dois payer mes impôts en euros, où est l'échappatoire ?), disons qu'un déséquilibre comptable marqué et durable est tout à fait dans ses cordes. Et lui interdire tout déséquilibre devrait aboutir logiquement à la condamnation de tout déficit budgétaire pour les gouvernements : car au nom de quoi peut-on contraindre aussi fortement un acteur à qui on a confié le gros des missions macroéconomiques, bancaires et financières, à l'échelle d'un continent qui tombe en crise tous les deux ou trois ans ? Et si la monnaie de la BCE est véritablement de l'argent public, pourquoi ne lui impose-t-on pas un pacte de stabilité ?

LES ALTERNATIVES À NOTRE PROPOSITION SONT… INFÉRIEURES

Les autres solutions monétaires ont toute ma sympathie quand elles prétendent secouer le cocotier du *statu quo*, mais elles posent plus de problèmes ou nécessitent plus de temps qu'une remise des dettes.

La « monnaie par hélicoptères » : un *game changer* stimulant mais peut-être un peu trop

Cette « monnaie hélico », une distribution massive et à l'aveugle de billets, ou de nos jours des comptes électroniques abondés pour tous, est forcément archi-puissante : quand on imprime et que l'on distribue aux ménages, on crée un passif (monnaie) sans actif correspondant ; c'est une hausse de la base monétaire sans contrepartie. Du point de vue de la banque centrale, cette monnaie est comme une obligation qui ne mature jamais et qui ne paye pas d'intérêts. Par définition, une telle obligation a pour elle une valeur présente de 0. Dans la perspective du ménage qui reçoit, un billet de 5 euros a une valeur présente de 5 euros. On a donc créé de la richesse à partir de rien : le passage de 0 à 1 est la définition de la création. Et on saisit bien la tentation qu'il y aurait à utiliser (puis à sur-utiliser) une arme aussi puissante qui n'ajoute rien à la dette nationale…

On comprend les réticences (le mot est faible) de nos banquiers centraux indépendants : ils se retrouveraient avec une variante de la planche à billets (eux qui depuis des décennies ne procèdent qu'à une création monétaire très indirecte, conditionnelle et assise sur des contreparties), exposés médiatiquement plein phare du fait de l'efficacité du dispositif (eux qui sont habitués à ne traiter qu'avec les banques et les marchés, qu'ils dominent par la réglementation, et qui ne votent pas), et obligés de collaborer avec les autorités politiques (quelle horreur !) pour distribuer l'argent. Mais des problèmes plus graves que l'opposition de la BCE se posent. Entre autres choses, les ménages vont probablement anticiper puis réclamer d'autres tournées d'hélicoptères…

J'ai beau être partisan depuis 2008 d'une politique monétaire « à outrance », je pense que l'on peut encore agir de façon à peu près orthodoxe : réfléchir à une cible qui fait sens (croissance du PIB nominal), s'engager avec plus de détermination dans le temps, acheter des actifs plus longs et plus risqués, remettre tranquillement un gros paquet de dettes surnuméraires… et si possible laisser les hélicos sur le tarmac, tant que le tragique n'est pas encore de retour.

L'ultra-négativité des taux d'intérêt peut contribuer à secouer le cocotier mais n'est pas souhaitable à la longue

Une ultra-négativité (disons autour de -3 % pour un OAT 10 ans…) aurait le mérite d'éroder progressivement les dettes, par deux canaux : la stimulation de la croissance (*via* la demande agrégée et la baisse de l'euro), et la diminution du coût de l'emprunt. Mais comme nous sommes endettés en France à taux fixes, et comme l'inflation est faible, il est fort probable que le processus prendrait du temps. À comparer avec le *write-off* de 10 % par an que nous proposions plus haut.

Il faudrait de plus compter sur quelques inconvénients nés de l'illusion nominale, comme l'encouragement au crédit immobilier.

Se concentrer sur le bilan vaut mieux que d'agir sur les « flux », et agir dans les comptes assez fictionnels de la BCE vaut mieux que d'embarquer toute l'économie dans une expérience de forte négativité jamais vue depuis le Moyen Âge, à l'époque des monnaies locales. Mais tout cela n'est rien en comparaison de la contradiction interne : dire que l'on souhaite des taux nominaux « plus bas plus longtemps », c'est l'équivalent de dire : « J'échoue dans la vie, et je souhaite m'organiser pour que ça dure. » Le but de la politique monétaire n'est pas de placer les taux d'intérêt à tel ou tel niveau, mais d'obtenir (par les taux et surtout par d'autres instruments, QE, communication, nouvelle cible…) une stabilisation des perspectives nominales ; et donc, à terme, une remontée saine et indolore des taux d'intérêt, à mesure que l'on sortira de l'ornière de la japonisation.

Les opérations de *quantitatif easing* ont prouvé leur excellent rapport coûts-bénéfices mais aussi, de plus en plus, leurs limites sur notre sujet

> *« Comme je le dis toujours, le monde moderne a le choix entre l'inflation et le socialisme. Les conservateurs ne veulent ni de l'un ni de l'autre, et en cherchant à les éviter ils finissent comme des socialistes accidentels, avec une banque centrale qui détient une quantité massive d'actifs. » – Scott Sumner*

Une évaluation sérieuse de tout programme d'achat d'actifs (QE) devrait inclure une étape d'analyse contre-factuelle : sans ces achats, nous aurions connu de gros soucis. Je suis donc pro-QE depuis 2008. Mais ce n'est pas de la création monétaire pure, plutôt de la *circulation* monétaire, un simple *swap* entre des titres et des réserves ; avec des effets indirects qui, même cumulés, ne suffisent probablement plus à refléter l'économie maintenant que le virus de la japonisation s'est incrusté dans le tissu productif et dans les esprits.

Le QE n'est que de la *liquéfaction* de créances longues, et les liquidités ainsi inscrites au bilan des banques commerciales se retrouvent ensuite déposées à la banque centrale, sur le compte des réserves excédentaires : cette liquéfaction était absolument nécessaire pour éviter que la vélocité de la monnaie ne devienne franchement négative ; mais ce n'est pas la détente monétaire la plus directe que l'on puisse imaginer. De plus, le programme d'achat d'actifs reste sur le papier « provisoire » ; le gouvernement doit rembourser la banque centrale à maturité. La création monétaire est donc temporaire (même si on peut financer le provisoire par du provisoire à l'infini), et avec contrepartie. On le voit à chaque séquence d'achat d'actifs depuis des années : à peine un programme est-il annoncé que les marchés (guidés par des « fuites » en provenance de la Bundesbank) spéculent sur la date de fin du dispositif. On a donc finalement le choix entre un QE provisoire trop vite déjoué, et un QE permanent de plus en plus vide de sens.

Et puis, quand le bilan de la BCE atteindra 300 % du PIB de la zone euro, parlera-t-on encore sans rire d'« économie de marché » ? De toute façon, vu comment elle est pratiquée en zone euro, la politique de QE n'est plus suffisante pour choquer les anticipations et changer le cours des choses. Il faut trouver quelque chose qui percutera davantage les anticipations, les marchés et la demande de monnaie : notre proposition…

Partie III

Objections

Je vais aborder 12 objections. Des plus simples aux plus subtiles. Aucune ne passe la barre.

L'OBJECTION DE GAUCHE, DITE AUSSI « OBJECTION ISF »

« Quand les impôts tomberont sur les exploiteurs du peuple, notre problème d'endettement se résorbera facilement. » Pas de chance : si on doublait le taux d'imposition des 10 % les mieux payés, ce qui serait énorme (pour rappel, aujourd'hui 500 000 personnes assurent déjà la moitié des recettes de l'impôt sur le revenu en France), et en supposant qu'aucun d'entre eux ne réduirait ses efforts d'aucune manière, le surcroît de produit fiscal serait de 1,3 % du PIB. Faire payer les riches ne ferait donc rentrer dans les caisses qu'un quart du déficit actuel de l'État, et n'entamerait pas le stock des dettes le moins du monde : nos riches ne sont tout simplement pas assez nombreux !

LES OBJECTIONS BAS DE GAMME

> *« L'annulation des dettes est impensable. » – Christine Lagarde, 9 avril 2020.*

Elles viennent souvent de gens peu connaisseurs de ces sujets, qui ne veulent pour rien au monde passer pour des Argentins ou des Vénézuéliens, qui craignent d'être assimilés à des partisans du défaut dans la pagaille. Ils se font donc plus orthodoxes que les orthodoxes, à la recherche d'un diplôme en rigueur allemande : la bonne vieille technique de l'immigré mexicain récent qui vote républicain comme signe d'intégration.

Elles témoignent soit d'une incompréhension de la proposition, soit d'un mépris total des réalités.

L'annulation de la dette est souvent refusée parce que le problème est mal posé ; en effet, seul le scénario le plus conflictuel est envisagé : la formule appliquée à la dette grecque en mars 2012, *via* une opération infamante, dite de *haircut* (ou « échange volontaire » dans la *novlangue* des institutions européennes). La conditionnalité a échoué (quel que soit le point de vue adopté), le financement n'était pas monétaire, et au bout du compte la dette a augmenté : tout cela est aux antipodes de la démarche que je préconise. Ce ne sont pas les assureurs européens qu'il faut faire payer, mais la boîte qui devait nous réassurer et qui ne l'a pas fait : la BCE, qui en a les moyens.

Fréquemment, le blocage est lié à un argument d'autorité : *les gens sérieux ne procèdent pas ainsi.*

Les « gens sérieux » pensaient que les taux d'intérêt allaient remonter après 2008, ils croyaient dans l'immobilier de bureaux et pas dans Tesla, etc. Les gens sérieux arrivent-ils même à voir leur propre intérêt ? Ne notent-ils pas que leur système se mord la queue, que la BCE est coincée dans un régime mou de QE permanent ? Notre proposition est jugée aventureuse par des gens qui, il y a vingt-cinq ans, et alors qu'il n'y avait aucune urgence et aucune demande populaire, n'ont pas eu peur de précipiter tout un continent dans une vaste entreprise monétaire sans précédent, contraire aux enseignements des grands théoriciens de la monnaie, et très coûteuse à créer puis à maintenir…

Variante : « La remise des dettes, c'est de la science-fiction. »

De la science-fiction comme pour Internet, les huiles de schiste ou SpaceX ? L'orgueil précède la chute, c'est bien connu ; le manque d'imagination, aussi. (NB : il est toujours amusant de se faire taxer d'utopiste pour l'idée de remise des dettes, par des gens qui depuis trente ans font une promotion énorme du fédéralisme budgétaire avec l'aide de toutes les institutions, pour des résultats lilliputiens : la remise pourrait être obtenue en quelques mois, là où la fédéralisation des impôts et des dettes prendra en zone euro deux siècles au rythme actuel.)

Une autre objection ras des pâquerettes : « Si cela était si facile à faire, cela se ferait souvent. »

Eh bien, justement, cela se fait assez souvent… Le bilan d'une banque centrale est classiquement utilisé pour faire oublier bien des turpitudes. Pour les seuls Américains : LTCM en 1998, AIG et Fannie Mae en 2008 (pour des montants fabuleux), des MBS (titres hypothécaires titrisés) à trente ans histoire que l'on ait oublié ce qui avait motivé leur émission, et des blocs de créances étudiantes ces dernières années, sans oublier des obligations municipales et du *commercial paper*. On peut jouer avec les mots, mais ces dettes sont *de facto* cantonnées et/ou monétisées. La seule innovation consisterait à assumer un peu leur effacement, à commencer par reconnaître un déséquilibre dans les comptes pour une institution particulière où l'équilibre à chaque période n'est pas indispensable du tout.

J'ai aussi entendu des journalistes s'y opposer en affirmant : « Annuler une dette publique serait la démonstration d'un pays sclérosé qui n'a pas su faire les réformes nécessaires au bon moment. » On ne peut rien leur cacher... Plus sérieusement, la première étape de la modernisation est toujours de reconnaître que nos institutions sont défaillantes, que nous pouvons/devons faire mieux. Comme le Japon vers 1868. Une vaste remise des dettes participerait de cette conscientisation. Quant à nos scléroses, elles ne vont pas disparaître du jour au lendemain, nous y sommes en quelque sorte attachés ; par contre, les variables nominales peuvent être bougées consciemment, rapidement.

Ils disent aussi que la remise oblige (comme la monnaie hélicoptère) à une étroite collaboration entre le Trésor et la banque centrale, et que ce serait le « crépuscule de la séparation de l'Église et de l'État ». En fait, il n'y a rien de très hétérodoxe à vouloir faire mieux travailler ensemble les deux branches du *policy-mix*, politique monétaire et politique budgétaire. Après tout, vouloir du stimulus quand la banque centrale s'attache à réduire l'inflation, c'est comme appuyer sur l'accélérateur quand la transmission est au point mort ; une relance budgétaire ne relance quelque chose qu'avec de la monnaie nouvelle, sinon elle ne fait que prendre dans une poche pour donner à une autre, avec très peu d'effet net (un différentiel de propension marginale à consommer, mais avec des pertes en ligne à chaque étape du processus budgétaire). Depuis 2008 en zone euro, les autorités budgétaires et monétaires passent leur temps à ne pas se coordonner et parfois à se combattre ; ce n'est pas le vrai sens de l'orthodoxie.

« Mais la remise n'est pas une demande sociale, peu de gens militent pour cela ! » Il ne faut jamais se baser sur des *enquêtes* (le mot gentil pour dire *sondages*). Près de 90 % des Français affirment qu'ils conduisent mieux que la moyenne (ce qui est statistiquement problématique) ; et 70 % se trouvent drôles. Pour étudier ce que cherchent les gens, ne les écoutons pas : regardons plutôt leurs actes concrets. Si les gens sont myopes à la déflation, ils agissent comme si nous étions en déflation objective depuis 2008. S'ils parlent assez peu des dettes (à moins d'être des Gilets jaunes, et encore), cela ne signifie pas qu'il n'y a pas un surplomb de dette dans leurs comportements concrets. Et notre proposition doit être vue en tendance : elle ne pouvait même pas prendre il y a encore neuf ans, quand la BCE refusait le principe même des achats massifs d'actifs ; et elle dispose encore aujourd'hui de peu d'espace médiatique, du moins si l'on retranche tous les contre-feux envoyés depuis Francfort à grand renfort d'agences en communication. Mais quand la facture Covid commencera à être présentée…

Enfin, il y a cette vieille idée fausse selon laquelle dans les affaires monétaires *nous aurions déjà beaucoup fait*. Un vieux classique de la Banque du Japon. Je répondrais avec les mots d'Adam Posen : « Nous ne devons pas juger de nos progrès par la quantité d'efforts ou de ressources que nous avons déjà investis. Nous pouvons seulement juger du succès de nos efforts par nos résultats, et jusqu'à ce que nous atteignions ces résultats il n'y a pas de danger à propos de l'utilisation massive des instruments disponibles[10]. »

10. Adam Posen, « The central Banker's Case for Doing More », Peterson Institute for International Economics, *Policy Brief* n° PB10, octobre 2010 (traduction de Mathieu Mucherie).

Tant que l'on ne retrouve pas un ancrage à disons 3 % de croissance du PIB nominal de la zone euro, au moins deux années de suite, hors rebond post-pandémique, le vrai danger est celui des vieilles méthodes et de la modération centriste.

« Cette remise va ruiner l'épargnant ! Ou les banques ! »

S'il s'agit dans ce manifeste de remettre les dettes à leur place, il n'est pas question de défaut ou de répudiation ou même de rééchelonnement : vu les sommes en jeu, ni l'économie ni le système politique n'y survivraient. Je parle d'une bonne moitié des 5 000 milliards d'euros de titres essentiellement gouvernementaux que la BCE a achetés sur le marché (au prix du marché) : les banques et toutes les institutions financières ont vendu ces titres à la BCE contre du cash, elles n'en sont plus les propriétaires, elles ne seraient lésées en rien ; leurs clients non plus.

Prenez le rendement (coupons + plus-values) de l'obligation longue du gouvernement allemand, et vous constaterez une hausse continue de l'ordre d'une multiplication par 7 entre 1991 et 2019, dans une ère de basse inflation, et sans risque : un placement imbattable. Vous faites dodo, et votre patrimoine est multiplié par plus de 5 en termes réels, en une génération. Conséquence logique : la montée de l'épargne en Allemagne (elle passe de 450 milliards d'euros par an à la fin des années 1990 à presque 1 000 milliards en 2019), majoritairement investie dans des titres sûrs. Et, fort logiquement, on parle d'une *euthanasie du rentier* !

Ici, rien ne colle. Les taux négatifs étaient supposés réduire l'épargne : on a vu le résultat. Les QE étaient censés dévaluer l'épargne : on a vu le résultat. Certes, les rentiers ne peuvent plus trop vivre de la « tonte des coupons » dont parlait Lénine. Est-ce à dire qu'ils sont condamnés ? Pas du tout ; s'il y a bien une catégorie qui n'a pas été spoliée depuis 2008, ce sont les retraités bourrés d'obligations publiques. Et puis, au pire, ils pourront aller sur d'autres classes d'actifs, ou faire travailler leur argent autrement, vers des supports plus attractifs (la Chine, par exemple, offre des coupons obligataires intéressants, libellés dans une monnaie qui devrait tendanciellement s'apprécier). De toute façon notre proposition ne touche à rien de tout cela.

Ajoutons que l'épargnant est aussi un contribuable, et nous lui sauvons la mise par la remise !

Les banques, quant à elles, savent qu'elles ne perdront rien avec la remise, puisqu'elles ont déjà vendu ces titres ; mais elles sont peu portées à la communication sur un sujet large et politique, et peut-être prises dans un syndrome de Stockholm vis-à-vis de la BCE. Elles changeront d'attitude quand elles réaliseront que la non-remise renforce la probabilité de se retrouver encapsulés pour longtemps dans des taux nuls ou répressifs, avec une probabilité croissante de chocs adverses (fiscaux, politiques, etc.) et d'expérimentations hasardeuses (crédit administré, prêts bonifiés, etc.).

Les objections « juridiques »

« Nous avons violé toutes les règles des traités car nous voulions sauver la zone euro. » – Christine Lagarde, Wall Street Journal, *17 décembre 2010*

Une famille d'objections qui prétend relever du noble respect des contrats. Rien ne serait possible du fait de l'article 123 du traité. En fait, quand on prend la peine de le lire, il ne dit strictement rien d'un fonctionnement durable en valeur nette négative de la BCE ou des banques centrales de l'eurosystème ; il n'y a même pas à le contourner sur ce point.

L'histoire est pleine de crises de dettes sans collatéraux qu'il a fallu solutionner en prenant quelques libertés avec les codes juridiques les mieux établis et avec les juges les plus indépendants : **C'est fou ce que l'on peut quand on le veut parce qu'il le faut…**

En cas de nécessité, les gouvernements modifient les contrats…

Suivons Edwards (2018). Le 31 janvier 1934, FD Roosevelt dévalue le dollar de 69 % en fixant le cours de l'or à 35 dollars. Les investisseurs au bénéfice d'une *clause-or* font appel jusqu'à la Cour suprême. Le président des États-Unis argue que les épargnants connaissaient les limites de leur protection : l'or détenu par le pays ne dépassait pas 3 à 4 milliards de dollars ; une goutte d'eau face aux montants d'obligations avec clause-or. La dévaluation et l'abrogation de la clause constituaient une violation des contrats, un transfert majeur de richesse du créancier au débiteur. Après de multiples pressions présidentielles, les juges décident le 18 février 1935, par cinq votes contre quatre, en faveur du gouvernement. La Cour suprême dit : l'abrogation de la clause était certes anticonstitutionnelle, mais le plaignant n'a pas subi de préjudice en termes de pouvoir d'achat (!). FDR pouvait poursuivre sa politique. Le principal argument de la Cour : la « nécessité » !

Car sans abrogation de la clause-or avec effet rétroactif, la dette se serait fortement accrue. « La Constitution comme beaucoup d'entre nous l'ont comprise et l'instrument qui signifie tant pour nous est morte », a commenté McReynolds, l'un des juges minoritaires. Pour Ben Bernanke comme pour Milton Friedman et bien d'autres économistes, c'est cette décision qui a marqué le début de la reprise, et même le sauvetage de la civilisation, selon les mots de Jacques Rueff. Les États-Unis sont perçus comme un pays sûr qui honore ses contrats parce que le défaut de l'époque était « excusable » ; les marchés comprennent que la restructuration de la dette et la dévaluation de 1933 étaient nécessaires. Les faits sont-ils trop douloureux ? Ils ne sont plus vraiment enseignés dans les universités américaines. Et dans un pays comme la France, ce qui domine toujours dans les manuels très objectifs de l'Éducation nationale, c'est la vision naïve de « grands travaux » keynésiens qui ont autorisé la reprise...

Le traité européen en a vu d'autres, et des pires ! Dès 2010, comme le suggère la citation de Christine Lagarde ; et cela s'est accentué au cours des années suivantes. Lorsque l'Irlande a en pratique monétisé une partie de la garantie publique apportée à ses banques, utilisant une entourloupe pour contourner le traité, la BCE s'est contentée de dire qu'elle « prenait note » de l'opération. N'oublions pas qu'à Chypre les élites eurolandaises nous ont expliqué en 2015 qu'il était légal d'aller puiser dans les comptes de dépôts des particuliers, au prétexte qu'il y avait... des oligarques russes parmi eux !

Le traité n'interdit explicitement que les achats des banques centrales sur le marché primaire des dettes, c'est-à-dire le financement direct des États : il est muet sur le marché secondaire (ce qui a permis tous les QE), et muet *a fortiori* sur la structure du bilan de la BCE, et sur son caractère plus ou moins équilibré. Certaines dettes souveraines ne voient pratiquement plus le marché, à quelques semaines près ; au milieu de l'année 2020, la BCE achète plus de 50 % des émissions nettes souveraines en zone euro. C'est légal, parce qu'elle le veut.

Il est vrai qu'en apparence une remise des dettes massive ne serait pas très conforme à l'*esprit* du traité européen, intégralement écrit par l'Allemagne dans son chapitre monétaire. Mais en fait rien n'est moins sûr, dans un contexte déflationniste. Car l'annulation des dettes, si l'on admet qu'il s'agit d'une détente monétaire, contribuerait à faire enfin respecter le contrat de fond de l'euro, qui est aussi la mission officielle de la BCE : la stabilité des prix, entendue comme une inflation proche de 2 % par an (la moyenne sur 2012-2020 est inférieure à 1 % par an, et le rebond autour de 2022 est un phénomène mondial, un changement de prix relatifs et une dérive des coûts bien plus qu'une inflation).

Notre proposition est bien entendu réfutée par le gouverneur de la Banque de France, François Villeroy de Galhau, membre du *board* de la BCE : « L'annulation de dette signifierait le financement monétaire des déficits, dont l'interdiction est un pilier fondateur de l'accord de création de l'euro[11] », a-t-il déclaré durant l'été 2020, affirmant qu'il convenait « de dénouer ce mythe de monnaie magique » (il appartient à une institution dont la taille de bilan vient de faire +400 % en six ans par absorption de plus de 4 000 milliards d'euros de titres publics, institution qui de plus ne propose aucun scénario crédible de sortie).

11. François Villeroy de Galhau, discours à la Société d'économie politique de Paris, « La politique monétaire face à la crise du Covid », 25 mai 2020.

« Monnaie magique », donc. Pourtant, au quotidien, les phénomènes monétaires les plus ordinaires, les mieux acceptés, sont assez magiques, quand on y pense : c'est ainsi que les gens sont persuadés qu'un billet de 100 euros dans leur poche, dont le coût de fabrication est d'à peine 8 centimes, vaut réellement 100 euros. Magie blanche ou magie noire, c'est tout de même un joli tour ; *idem* pour l'ensemble de la création monétaire, dont personne ou presque sur cette planète ne sait la part qui revient aux banques commerciales et la part due aux banques centrales ; *idem* pour ma proposition de déséquilibre dans la gestion actif/passif de la banque centrale pour ne plus porter l'ensemble des dettes : comprise par fort peu de gens, un peu magique en ce sens, mais pas beaucoup plus que les opérations les plus triviales effectuées à Francfort au quotidien.

J'ajoute qu'il est amusant de voir toute cette critique « juridique » dans la bouche des élites eurolandaises qui ne jurent que par la mutualisation des dettes (les *eurobonds*), formellement interdite par les traités et par la Constitution allemande ! Donc, au fond, les arguties juridiques reviennent à miser sur un futur blocage à Karlsruhe, la Cour constitutionnelle allemande. Un jour. L'important, c'est qu'il y a bien une objection germanique, et c'est pourquoi nous allons la traiter spécialement : mais, de grâce, appelons-la par son nom, au lieu de faire semblant que le « droit pur » s'oppose à tout effacement…

L'OPPOSITION GERMANIQUE

Ce pays a retenu ce qui l'arrange de sa propre histoire. Les dettes des années 1920, quand l'Allemagne était dans la position de la Grèce : oubliées. En 1953, une grande conférence à Londres qui effaça 66 % de la dette allemande : oubliée[12]. Le coût de la réunification largement partagé par tous ses partenaires dans les années 1990 *via* le mécanisme des taux de change européen : oublié. Les dettes des *landesbanken* logées dans une structure *ad hoc* vers 2009 : ou-bli-ées. L'opposition germanique très vertueuse à notre vilaine proposition de remise des dettes, c'est comme si l'abominable homme des neiges dénonçait la pratique du ski hors-pistes.

De plus, la doctrine officielle de Berlin est un pavillon de complaisance : l'ordo-libéralisme a bon dos. Pour synthétiser ce très estimable courant de pensée, Eucken et Ropke militaient dans les années 1950 pour un « ordre monétaire juste », pas pour une banque centrale indépendante susceptible de s'opposer à la politique gouvernementale, pas pour une fixation discrétionnaire et opaque des taux d'intérêt au fil de l'eau, pas pour des taux de change rigides (comme l'euro). Quand on se drape dans l'ordo-libéralisme, il faudrait peut-être au préalable lire quelques écrits de ce courant.

---

12. On est parti du point de vue que le remboursement annuel de la dette allemande ne devait jamais dépasser plus de 5 % des revenus des exportations. Ceux qui voulaient se faire rembourser leurs dettes par l'Allemagne devaient lui acheter ses exportations pour lui permettre d'honorer ses dettes : rien à voir avec ce qu'on a imposé aux pays du sud de l'Europe dans la décennie 2010.

Infidèle à son histoire et à sa doctrine, l'Allemagne n'est pas non plus à la hauteur de sa domination. C'est elle qui a un modèle de croissance mercantiliste qui pousse à la déflation. C'est elle qui a brisé la première le pacte de stabilité en 2003, avec la France. C'est elle qui a finassé le plus sur la transparence et sur les stress-tests bancaires. C'est elle qui avait poussé en 2008 et en 2011 à des hausses de taux aux pires moments, qui ont ravagé toute l'économie européenne pour des années. Depuis 2007, elle a enchaîné les analyses surréalistes, les craintes infondées d'hyper-inflation, les chantages. Au mieux, on a eu le droit à une longue liste de courses de réformes structurelles (réformes pour les autres...), non financées, et sans grand rapport avec le sujet. Bien sûr, la Grèce devrait être mieux gérée, mais tant que sa monnaie ne vaudra pas 0,8 dollar, aucun de ses efforts n'aura le moindre sens.

Les élites en Allemagne ne devraient donc pas s'autoriser à jouer ainsi de la posture morale. Ce pays reçoit une détente monétaire jamais vue par intraveineuse matin, midi et soir du fait de l'inversion des flux financiers intra-européens depuis la crise de 2008 : l'euro avait été fait pour faciliter des flux orientés logiquement Nord-Sud, des pays épargnants vers les pays en rattrapage ; avec la crise, les Allemands ont cessé d'investir vers les pays en crise, et ces derniers ont sécurisé leurs placements en se dirigeant vers l'Allemagne. Et ce, en plus de son privilège exorbitant (non-dévaluation pour ses principaux partenaires, depuis la création de l'euro). Pas de quoi s'autocongratuler, mais de quoi reverser aux partenaires eurolandais moins chanceux une partie des gains nés de cet Absurdistan, par exemple une partie de ce que Berlin a gagné grâce à la chute drastique de ses taux d'intérêt : mais Angela Merkel a préféré ne rien donner (c'est pourtant ce qu'aurait fait le pays *leader* d'une véritable zone fédérale) ; tout juste a-t-elle prêté, un peu, et encore, en se faisant prier, comme ce qu'aurait fait un FMI des années 1980 vis-à-vis de pays latino-américains. Depuis 2008, l'Allemagne n'a pratiquement rien payé, et elle n'a fait des concessions (sur les achats d'actifs, sur les taux négatifs, sur les prétendus *eurobonds*) que pour maintenir l'euro (dont elle est l'ancre), maintenir sa place centrale à Francfort, et maintenir les apparences. Mais ces reculs ont été opérés *en bon ordre*, comme on échange du temps ou de l'espace sur le plateau pour mieux protéger sa pièce maîtresse : en l'occurrence un ordre monétaire désinflationniste centré autour de l'indépendance maximale de la BCE. L'Allemagne défend au fond ses intérêts : à mon humble avis, elle a bien raison de s'accrocher (de façon très gaulliste !) à son privilège monétaire, à ce qui lui reste de souveraineté. Mais nous ne devons pas être dupes : c'est une position qui n'a rien de fédéraliste, ou d'universalisable (tout le monde ne peut pas être en excédent commercial !), ou de moral.

Les objections « morales »

La remise serait un tour de passe-passe, pas très joli-joli, consistant à contourner une obligation, ou à la transférer vers d'autres. On sort alors sans gêne l'argument larmoyant des générations futures. « Si la BCE affiche des fonds propres négatifs, tous les revenus du

QE serviront à combler ces fonds propres négatifs[13] », avertit l'économiste parisien Jacques Delpla qui s'interroge sur la légitimité d'une solution qui *dépouillerait les générations futures*. NB : rappelons comment le même Jacques Delpla envisageait la solidarité européenne, en juin 2012. Je cite : « Comme je le dis à mes amis grecs : si vous faites défaut sauvagement sur les créances de la France, nous vous abandonnerons aux Turcs ; à vous de choisir[14]. »

Même idée mais plus subtilement chez Jean Pisani-Ferry, économiste gouvernemental dans une chronique du *Monde*, le 16 mai 2020 : « Annuler la dette, c'est toujours en transférer le fardeau à d'autres. » Non, justement : c'est enfin un coup d'arrêt dans la circulation du mistigri que l'on constate depuis 2008. Quel fardeau pour la société européenne représente le fait d'avoir une banque centrale en *equity negative* ? J'ajoute que l'on sait bien comment combattre l'inflation dans le cas où elle reviendrait en force, alors qu'on ne sait pas bien combattre la déflation. Enfin, l'idée de transfert du « fardeau » repose implicitement sur une égalité de mérite des parties, alors que l'entrepreneur et le rentier ne devraient pas être traités également après de nombreuses années où leurs gains ont été nettement déséquilibrés en Euroland.

La remise des dettes n'est que marginalement une politique redistributive ; mais admettons. C'est le cas

13. Guillaume Benoît, « L'idée d'annuler les dettes d'État détenues par la BCE fait débat », *Les Échos*, 26 mai 2020.

14. Jacques Delpa, « Sauver le soldat grec… contre les folamours », *Les Échos*, 1er juin 2012.

de toute politique : budgétaire, monétaire, réglementaire, fiscale, etc. L'économie est comme un vaste jeu de Mikado interactif : si l'on bouge le moindre élément, il faut s'attendre à des transferts de richesse et à des effets en cascade, très délicats à modéliser. Mais il ne serait pas plus sale pour la BCE d'annuler des dettes souveraines que de créer ou de ranimer des marchés (*covered bonds*), placer son taux directeur en territoire négatif, modifier les règles de collatéralisation sans aucune transparence, réguler les bonus des banquiers, encourager les fusions bancaires, régenter des *spreads* de taux périphériques, j'en passe. Nos opposants dénoncent une remise homogène, aveugle, donc juste, et sont beaucoup plus silencieux avec le système actuel où la BCE prête selon son bon vouloir des centaines de milliards d'euros tous les trimestres, où elle pactise avec des institutions financières spécialisées (que nous ne nommerons pas) quand elle doit se doter rapidement de compétences et de données dans des domaines ultra-sensibles, etc. Sans aucun contrôle. Les possibilités de corruption dans un tel système sont illimitées.

Nous devrions renverser l'argument. Sans une grande détente monétaire dont la remise des dettes constituerait un excellent pilier, impossible désormais d'honorer les engagements de retraite ou de transition énergétique qui représentent, paraît-il, le summum de la morale. Jacques Rueff, qui ne passait pas pour un laxiste ou pour un péroniste, écrivait à propos de la réforme monétaire : « Qu'on n'invoque pas ici des obligations morales implicites ; l'honneur d'un débiteur est avant tout de se mettre et de se maintenir en état de payer ses dettes et de ne pas assister passivement à une évolution qui le conduit inéluctablement à l'insolvabilité[15]. »

Quand on regarde le pedigree des gardiens du temple, on s'aperçoit qu'ils ont presque tous un intérêt direct ou indirect dans la préservation des petits arrangements actuels. Ils savent que la discrétion est la clé de leur liberté d'action, et restent dans une vision sacrificielle, doloriste (mais pour les autres). Gérard Thoris : « Les gardiens du temple ont pour eux la Loi. C'est elle qui les a institués dans leur fonction. Ils ont pour eux la morale élémentaire, celle qui exige qu'une dette soit remboursée. Ils pensent être les justiciers des temps modernes. Ils ne savent pas que, au-delà de la morale, il y a le pardon. Leur raison est impuissante à comprendre que, lorsque le poids qui pèse sur leurs épaules est trop lourd, les hommes s'effondrent sur place avec leur charge. Ils n'ont pas le cœur de remettre les dettes alors même que cela ne leur coûterait rien. En agissant ainsi, les gardiens du temple perdraient en vertu morale ce qu'ils gagneraient en mission prophétique[16]. »

Il n'y a pas beaucoup de morale sur nos sujets monétaires ; la seule qui tienne à peu près est la suivante : respecter une cible, sans trop de « *stop and go* », ne pas pénaliser l'activité et donc ne pas provoquer des impôts qui abîmeraient les dernières forces productives. La remise des dettes n'est pas plus immorale qu'autre chose si elle est effectuée comme nous le proposons.

---

15. Jacques Rueff, *Le Péché monétaire de l'Occident*, Plon, 1971.
16. Gérard Thoris, « Le remboursement des dettes publiques, une "relique barbare" ? », *Revue française des finances publiques*, n° 117, 2012.

L'OBJECTION BUBULLISTE

Nous participerions avec notre proposition d'une *économie de bulles*. C'est-à-dire d'un encouragement à la débauche – vers une mauvaise allocation du capital. Par un cheminement alambiqué qui relierait la remise des dettes à un aléa moral et/ou à une forte détente monétaire (susceptibles de pousser à une prise de risque excessive), ils cherchent encore une fois à nous culpabiliser.

Il faut d'abord se rendre compte que des forces puissantes refusent le concept même d'une action monétaire. Elles soutiennent depuis toujours que cette action a déjà été trop utilisée, et c'est tout le champ lexical des narcotiques qui est mobilisé pour nous détourner de cette voie. Mais comme il n'y a pas de vrais excès sur les indices de prix depuis bientôt quarante ans, en dehors d'épisodes violents sur les prix des hydrocarbures, comme les salaires sont sages et comme l'euro ne se déprécie pas beaucoup en dépit des échecs majeurs et répétés de la zone euro, il faut trouver autre chose : alors, va pour les « excès de la finance ». Pourtant, ces excès sont liés à l'effet de levier : en éliminant des dettes, on ne va pas trop dans ce sens !

Détail amusant, ces gens souvent situés à la droite des auteurs autrichiens, et qui pour certains portent une lourde responsabilité dans la réglementation financière, attaquent ici au nom de la justice sociale et de la défense des petits épargnants ; on croit rêver. Ce que cela dissimule, c'est une pure question de pouvoir, et dès que l'on parle de pouvoir, il faut prospecter du côté de Bâle, là où sont conçus les règles et les ratios qui comptent, là où le syndicat des puissants façonne ses contre-feux.

C'est en effet une objection typique de la BRI (la Banque des règlements internationaux, à Bâle, la « banque centrale des banques centrales ») : ils sont tous experts en identification de bulles (et de début de hausse de l'inflation, tous les ans, depuis toujours). Pour commencer, on se demande pourquoi ils ne sont pas milliardaires, car ils auraient pu les *shorter,* toutes ces bulles ; mais passons.

Ensuite, ne comptez pas sur eux ou sur leurs relais pour s'excuser. Jamais. J'ai entendu Denis Kessler parler de bulle sur les OAT et les *Treasuries* il y a plus de vingt-cinq ans, et Jean-Marc Daniel ou Patrick Artus il y a plus de quinze ans. La notion de bulle est très pratique.

Surtout, il y a les problèmes de logique. Comme dans la *novlangue* d'Orwell, deux discours contradictoires sont délivrés ici, en même temps : les bubulles prolifèrent sur toutes les classes d'actifs à cause de la « création monétaire excessive » (en pleine ère de japonisation, de sous-emploi et d'euro trop cher, passons), mais l'épargnant est… spolié. Comment ce tour de force est-il possible ? Mystère. Et, au passage, comment la création monétaire arrive-t-elle à irriguer la sphère financière « parasite », tout en évitant soigneusement les prix des biens et des services, depuis des années, mystère là aussi ; c'est comme si l'effet richesse n'existait pas du tout, comme si tout cet argent gagné sur les classes d'actifs n'était jamais dépensé. Je veux bien croire éventuellement à un complot, mais pas à un taux d'épargne de 100 % chez les complotistes pendant des décennies.

Ajoutons que, dans le monde réel, les bulles sont souvent dues à une mauvaise supervision des banques commerciales. Il est donc assez curieux de voir les officiels de la BRI et de la BCE passer leur temps à jacasser sur les distorsions de marché et les écarts potentiels de valorisation. D'autant que l'euro a toutes les caractéristiques d'un « faux prix » au sens de Jacques Rueff : il introduit une distorsion majeure en bloquant l'ajustement des taux de changes nominaux « pour l'éternité » ; mais alors, ses gestionnaires sont-ils bien placés dans ce débat ?

Que l'on me permette alors une hypothèse, basée sur les incitations. Imaginons que vous soyez un banquier central. Votre objectif est de rester indépendant, c'est-à-dire libre et (quoi qu'il arrive) impuni. Si vous vous élevez contre ces méchantes bubulles qui menacent, votre rendement est substantiel : vous passez pour un sage, un être conscient de son pouvoir et soucieux des générations à venir, votre procès en Greenspanisation s'éloigne, votre parachute doré à la BRI (l'académie de la japonisation) se rapproche. Des banques vous demanderont de siéger à leurs conseils d'administration (après la consultation d'un comité d'éthique de la BCE qui conclura qu'il n'y a là aucun conflit d'intérêts), et vous pourrez régulièrement dire aux acteurs du marché : « Je vous l'avais bien dit » (car il y aura toujours des épisodes de crises). Votre risque sera, par contre, quasi nul : les analystes qui déjoueront votre discours hors sol seront rares, et toujours suspectés d'être des partisans des excès financiers.

J'exagère ? Vers 2011, Jeremy Stein à la FED avait tort de crier au loup de la bulle de crédit en pleine phase de désendettement ; personne ne lui en a voulu. *Idem* pour Fischer, Hoenig, George, Warsh ; et, à la BCE, pour Weidmann, Weber, Stark, Mersch, la liste est trop longue pour être déroulée ici. Tous sont en poste ou avantageusement recyclés, tous ont milité pour un resserrement monétaire en pleine récession en raison de possibles « bulles » (qu'ils n'étaient pas mandatés à traiter), et tous passent pour des gens raisonnables. Et en effet ils le sont plus que moi, du point de vue de la maximisation de l'intérêt individuel.

Les objections « historiques »

L'histoire fournit un vaste éventail de défauts en pagaille, de répudiations scandaleuses et d'hyperinflations pathétiques : nos opposants ne vont pas se gêner pour puiser dans ce fonds... Mais quel rapport avec notre proposition ? Les remises de dettes ne passaient pas jadis par des banques centrales, ou du moins pas par des banques centrales crédibles, dans des phases d'anticipations d'inflation ancrées comme depuis des années. Elles ajoutaient de l'huile sur le feu, là où nous devons aujourd'hui ranimer la flamme.

Ce qui est certain, c'est que la dette n'a jamais été un détail de l'histoire. Les annulations furent souvent le résultat d'âpres luttes, de guerres et de crises. David Graeber le raconte : « Dans les 5 000 dernières années, avec une remarquable régularité, les insurrections populaires ont commencé de la même façon : par la destruction rituelle des registres des dettes - tablettes, papyrus, grands livres ou autre support propre à une époque et à un lieu particuliers. (Après quoi les rebelles s'en prenaient en général aux cadastres et aux registres fiscaux)[17]. » À noter toutefois que, de nos jours, le processus d'effacement des preuves ne vient plus des révolutionnaires, mais au contraire des personnes les plus haut placées qui cherchent à fabriquer des dettes le plus discrètement possible : structures hors bilan, titrisation pour une dette en petits bouts, montages illiquides avec du levier dans l'univers du non-coté, et dettes « re-packagées » pseudo-européennes. Et qui, ensuite, les empilent dans le bilan de la banque centrale, lieu relativement discret. Et qui, enfin, refusent l'effacement, pour éviter tout débat.

Toute dette vraiment excessive est destinée à ne pas être remboursée, c'est peut-être sur ce thème la seule leçon éprouvée de l'histoire. On trouve d'innombrables situations particulières ; mais rien d'aussi bien adapté et d'aussi pacifique que la remise progressive dans un bilan de 5 000 milliards d'euros qui n'a de bilan que le nom.

Les objections bilancielles

L'idée est qu'une annulation des dettes pourrait conduire à une sorte de faillite de la banque centrale par un trop grand déséquilibre actif/passif, avec toutes les conséquences sur la crédibilité de la monnaie : en zone euro, un risque existentiel pour l'euro, en zone

17. David Graeber, *Dette, 5 000 ans d'histoire*, Les liens qui libèrent, 2013.

dollar plutôt un risque de fuite devant la monnaie. Les États peuvent certes payer n'importe quelle dette en monnaie locale, car ils peuvent toujours imprimer de la monnaie pour le faire ; mais, à partir d'un certain moment (non précisé), ce sera un paiement en monnaie de singe, et on jouerait alors avec les mots en prétendant que la dette est honorée.

Cette objection vient surtout des banquiers centraux, qui font en quelque sorte des complexes par rapport aux banquiers privés (Milton Friedman : « Toute l'histoire des banques centrales est qu'elles opèrent sur les marchés financiers et qu'elles essayent d'être, comme la Banque d'Angleterre l'était il y a de nombreuses années, des banques commerciales privées[18] »). Tout ce qui s'écarte de la banque privée leur semble un peu impur, et leur plus grand rêve est de régenter le marché du crédit. N'oublions pas que plus de la moitié d'entre eux sont d'anciens banquiers commerciaux ou de futurs banquiers commerciaux. Alors, un fort déséquilibre actif/passif, en leur sein, le saint des saints : non, *niet. Nein.*

Creusons un peu. Si le service de la dette peut toujours être financé en créant de la monnaie, le défaut souverain restera un « choix » et non une nécessité. Mais si le défaut souverain est un choix, il doit y avoir des circonstances au cours desquelles il pourrait être… la seule option. En effet, si le déficit qui doit être monétisé est assez large, et si les intérêts portés sur la dette publique représentent une part significative de ce déficit, alors le financement monétaire requis pour

18. Milton Friedman, *Inflation et systèmes monétaires*, Calmann-Lévy, 1969.

maintenir la solvabilité de l'État pourrait entraîner un niveau d'inflation politiquement indéfendable. Dans ce cas de figure, l'État pourrait opter pour le « moindre mal » : faire défaut sur sa dette libellée en monnaie locale. Cela fait tout de même deux « si », dont un est très daté.

Lorsqu'une banque centrale fait de nos jours semblant de « créer » de la monnaie, cette « création » correspond à un actif dans son bilan : obligations d'État ou d'entreprises, or, devises. Avec une vraie création monétaire, qui elle n'a pas de contrepartie, le bilan de la banque centrale se déséquilibre ; les investisseurs ou les étrangers doivent réclamer des devises. Si la banque centrale ne peut faire face, elle devra selon le bon sens populaire faire faillite. D'autant que si la demande est stimulée, le déficit courant pourrait aussi croître, ainsi que la demande de devises. Dans ce cas, le problème du déficit public n'aura été que transféré vers le bilan de la banque centrale : l'État devra renflouer la banque centrale et, pour cela, émettre de la dette. On aura déshabillé Paul pour habiller Pierre. Mais les réserves et les crédits bancaires étant garantis par la banque centrale, il n'y a pas de risque de faillite : la demande de contrepartie ne peut venir du secteur bancaire national. Et si la BCE venait à subir une perte importante, il n'y a pas d'obligation légale pour les États de la recapitaliser. **Il n'existe tout simplement pas de banqueroute ou de procédure d'insolvabilité pour une banque centrale !** Ce qui signifie qu'il n'y a pas de cadre légal ou d'institution qui jugera si le passif de la banque dépasse à ce point les actifs qu'elle doit se recapitaliser ou liquider.

En 1997, Peter Stella estimait que les banques centrales pouvaient continuer à fonctionner avec une valeur nette négative, avec un bilan déséquilibré pendant longtemps. Son papier fait depuis autorité dans le monde académique. Les banques centrales du Chili, de la République tchèque et d'Israël, entre autres, ont affiché des fonds propres négatifs pendant de nombreuses années, sans que cela n'affecte leur fonctionnement. Donc : *a fortiori* de nos jours, et pour un établissement de la taille de la BCE, cela ne poserait aucun problème.

Le risque de banqueroute a fait l'objet d'une analyse en 2005 par Willem Buiter mais n'a été publié que plus tard, après la crise[19]. En régime de « monnaie papier », le risque d'un défaut de paiement n'existe pas, car au fond le seul engagement de la banque centrale est de remplacer un billet de banque par un autre billet de banque. Sa conclusion (ma traduction) : « La capacité d'absorption des pertes non inflationnistes des grandes banques centrales est vaste. Pour la BCE nous l'estimons à au moins 3,2 trillions d'euros, pour la FED à plus de 7 trillions de dollars. » Je crois que l'on peut doubler ces chiffres en 2022, en restant très prudent : compte tenu de l'évolution de la taille des bilans depuis quinze ans, des plus-values latentes, etc., une annulation de la moitié des actifs de la BCE resterait en dessous de ce seuil. Ma proposition conserve une belle marge de sécurité !

---

19. Willem Buiter, « The Role of Central Banks in Financial Stability: How Has It Changed? », London School of Economics and CEPR, Discussion Paper Series n°8780, 2012 (traduction de Mathieu Mucherie).

Déjà, un simple emprunteur hypothécaire au coin de la rue peut se retrouver en valeur nette négative tout en étant solvable grâce à ses revenus futurs actualisés. Et nous avons vu que l'État est un habitué de ce type de fonctionnement, puisque ses actifs sont très nettement inférieurs à ses passifs. La faillite d'un agent privé intervient lorsqu'il n'a plus les liquidités suffisantes pour honorer ses obligations ; dans le cas d'une banque centrale, cette situation de fonds propres nets négatifs peut être permanente, dans la mesure où elle n'a *aucune* contrainte de liquidité. De plus il faut, pour pouvoir mesurer la solvabilité d'une banque centrale, ne pas se contenter des fonds propres, mais aussi du compte de réévaluation (bénéfices latents provenant de la réévaluation de certains actifs, comme l'or) ainsi surtout que d'un actif stratégique qui n'est pas comptabilisé dans son bilan, le seigneuriage futur. Le danger *in fine* est plus médiatico-politique que bilanciel.

La Bundesbank, par exemple, a souvent opéré en valeur nette négative au cours de son histoire pré-euro, du fait de la stratégie mercantiliste du pays qui a conduit la banque centrale à accumuler des devises étrangères (afin que le Deutsche Mark soit *über*-compétitif). La Bundesbank craint aujourd'hui de voir ses revenus d'intérêts se renverser en cas de hausse des taux dans quelques années ; ce qui ne serait pas important ailleurs, mais ce qui est crucial quand on prétend représenter l'immaculée Pénélope ; le bon bourgeois bavarois ne comprendrait pas. Les Allemands aiment budgétariser les choses monétaires, même quand rien n'obligerait à recapitaliser. C'est donc à Karlsruhe et à Berlin que ce risque se matérialisera… ou non. Mais en fonction de considérations qui ne seront ni comptables ni *a fortiori* économiques.

Enfin, une « fuite devant la monnaie » est un scénario assez tiré par les cheveux de nos jours, quand la demande de monnaie est aussi forte ; et puis, tant que vous êtes payés en euros et que vous devez payer vos impôts en euros (et non pas en or ou en bitcoins), votre opinion sur le bilan de la BCE et sur la qualité de la monnaie ne porte pas trop à conséquence. Cela dit, pour contrecarrer ce danger, j'ai proposé un effacement d'environ 10 % par an, un peu hypocrite mais susceptible de lisser le choc sur la perception des agents.

L'ASSIMILATION ENTRE MONNAIE, FONDS PROPRES ET ARGENT PUBLIC

Peu de temps après avoir pris ses fonctions, le 24 février 2012, Mario Draghi avait déclaré au *Wall Street Journal* : « Les gens ont tendance à oublier que l'argent dépensé par la BCE n'est pas de l'argent privé. C'est de l'argent public. C'est l'argent des contribuables. » On retrouve souvent cette objection, sous différentes formes ; par exemple : les fonds propres négatifs de la BCE sont de la dette publique, donc la remise ne changerait rien.

Il est vrai que ces fonds propres ont été constitués au départ par les États, et qu'ils doivent bien figurer dans leurs bilans : s'ils passent dans le rouge, cet actif devient négatif, c'est une forme de dette. Il serait pourtant abusif d'opérer une homologie entre les actifs détenus à la suite du QE et de l'argent public ; sinon, plus de

5 000 milliards d'euros d'argent public auraient été détournés récemment en direction du bilan de la BCE, ce qui aurait dû émouvoir les comptables publics et scandaliser la presse. En fait, il ne s'agit pas du « casse du siècle », mais d'actifs collectionnés en échange de quelque chose qui ne coûte presque rien à la BCE, du cash électronique. De plus, nous avons vu que les États passent leur temps en valeur nette négative : même en cas de transfert de la négativité des fonds propres BCE vers leurs bilans (ce que rien ni personne n'oblige !), ce serait pour eux *business as usual.*

Enfin, il ne faut pas oublier que les banques centrales sont des structures ultra-rentables ! En creusant un gros trou en plein milieu de leurs comptes, on peut donc raisonnablement escompter qu'il se rebouche assez vite, sur le cycle. La FED réalise des profits annuels autour de 80 milliards de dollars, plus que les profits d'Apple. C'est un beau score pour une institution qui n'est pas motivée par le profit. Les grandes banques centrales occidentales sont des « boîtes » incroyablement bénéficiaires, et c'est logique : elles n'ont pas besoin d'investir ou d'innover, ou de s'assurer, elles n'ont presque aucune relation avec ces gens exigeants appelés vulgairement « clients », elles ont amorti leurs bâtiments depuis longtemps, etc. La dérive de leurs coûts (pourtant monstrueuse s'agissant de la BCE depuis une décennie) ne se voit pratiquement pas, absorbée dans la masse de leur richesse. De toute façon, nous avons vu dans la première partie que si vous vous faites du souci pour les finances publiques, il existe assez de problèmes concrets en cours pour ne pas avoir à en imaginer de potentiels.

L'ALÉA MORAL ET LES « EFFETS PERVERS »

Le fait d'effacer une partie des dettes serait une incitation à recommencer un cycle de dettes.

Notons déjà pour commencer qu'il serait curieux de renoncer à combattre le danger auquel nous faisons face aujourd'hui au nom d'un risque plus hypothétique demain. Nous ne sommes pas engagés à solutionner les crises du futur. Chaque chose en son temps, chacune à son tour et l'une après l'autre.

C'est aussi surestimer les gouvernements et plusieurs autres acteurs économiques qui, nous l'avons vu dans la Partie 1, secrètent des déficits fonctionnellement, comme une glande secrète une hormone, sans guère d'observance du contexte financier, du niveau des taux d'intérêt, de la taille de bilan de la BCE, etc.

De plus, nous avons vu que les dettes dépendent des institutions qui les ont engendrées, comme le péché n'existe que du fait de l'occasion de pécher. Et puis, c'est une objection de plus en plus décalée : avec le coronavirus, la notion de culpabilité s'affaiblit ; les nouvelles dettes ne sont pas liées à une faute, mais à un choc purement externe, du moins dans son déclenchement : peu d'aléa moral en vue.

Effets pervers ? Nous devions récolter ces dernières années une flopée d'effets qui ne se sont jamais matérialisés. Si vous aviez demandé, disons vers 2005, quels seraient les effets d'une banque centrale qui augmenterait la taille de son bilan d'un facteur 10, la plupart des analystes n'auraient pas décrit le monde actuel. Quelque chose qui ne se matérialise pas, même quand les conditions semblent archi-propices, est une menace fantôme ; mais alors : les Cassandre ont eu tort, disons-le, elles n'ont regardé que l'offre de monnaie sans jamais comprendre la hausse de la demande de monnaie, elles ont eu tout faux et ne devraient donc pas être à ce point écoutées.

Enfin, toutes les actions de politique monétaire comportent des coûts, des risques ; mais les effets de l'inaction doivent être pris en compte, et nous avons vu que les trajectoires de dettes laissées à elles-mêmes conduisent assez sûrement soit au défaut, soit au socialisme : une élévation continue des impôts couplée à de la répression sociale et financière (le scénario au fil de l'eau) ou l'émergence d'expérimentations de plus en plus scabreuses, malthusiennes, protectionnistes, etc. Il n'y a rien de pire qu'un décideur privé ou public aux mains propres, qui disserte sur les méandres de l'aléa moral et les arcanes des effets pervers : quand vous en voyez un, demandez-vous comment il aurait résolu les problèmes dans les années 1930 ou 1940.

Les objections *latitudinaires* : la politique du mistigri peut continuer !

> *« Un conciliateur, c'est quelqu'un qui nourrit un crocodile en espérant qu'il sera le dernier à être mangé. »*
> *– Winston Churchill*

La tyrannie du *statu quo*… voilà probablement l'obstacle le plus fort. *Apocalypse slow* !

Pour Stéphane Déo, la situation actuelle est idyllique. « La BCE et les banques centrales qui participent aux achats de dette d'État réinvestissent intégralement les montants perçus lors de l'arrivée à échéance d'une obligation dans de nouveaux titres. Et les intérêts qu'elles perçoivent sont reversés aux États. Économiquement, le poids de cette dette est nul[20]. » Le poids de cette dette-là, oui ; mais pas le poids du gros du stock. Et à condition de maintenir ce cercle dans la longue durée, et le tout sans chantages (explicites et implicites). Et puis, ce dispositif ne permet guère de réclamer légitimement des efforts aux États. Et enfin, si cette dette ne pèse vraiment rien, pourquoi diable ne pas l'annuler ?

Les créances douteuses accumulées aux bilans des banques centrales peuvent y rester éternellement si elles ne donnent pas lieu au paiement d'intérêts, nous dit-on. Ce n'est pas faux ; mais l'éternité, c'est long, surtout sur la fin ! Avec une mentalité pareille, il n'y a jamais de sortie.

Alors pourquoi le *statu quo* ? Parce qu'il n'expose pas tout le sujet à la lumière ; l'empilement passif de dettes dans un bilan BCE ne concerne que les spécialistes. On veut mettre un couvercle sur les dettes : ne pas en parler, ou alors à l'aide d'une *novlangue* comptable. Mais c'est la voie la plus dangereuse : sous le couvercle, on ne voit plus les déséquilibres, et un jour tout saute.

La dette perpétuelle est en apparence une bonne solution technique. Mais rien n'est perpétuel dans les affaires humaines, sinon les héritiers de Midas ou de

20. Guillaume Benoît, « L'idée d'annuler les dettes d'État détenues par la BCE fait débat », *Les Échos*, 26 mai 2020.

Charles Quint domineraient encore. Sur le plan moral, elle est inattaquable, puisqu'elle est défendue par des penseurs au grand cœur comme George Soros et Alain Minc, qui proposent aux marchés une dette perpétuelle qui ne serait jamais remboursée, ce dont ils croient pouvoir déduire qu'elle n'imposerait qu'une charge budgétaire légère. Mais il est très difficile d'anticiper à quel taux d'intérêt une dette perpétuelle peut être émise. En effet, sachant que la prime de terme croît en principe avec l'échéance afin de rémunérer l'épargnant du risque, la prime de terme à l'horizon infini pourrait atteindre un niveau… très élevé. Il suffit de faire un petit calcul pour détecter le danger. Prenons une dette de 100 euros. Bornons-nous à cent ans, ce qui n'est qu'une fraction de la « perpétuité », mais la période qui nous intéresse le plus. Et sous l'hypothèse plus technique de *rolling* annuel du financement des intérêts. Avec un taux réel à 1 %, le montant total des intérêts payés au cours du siècle est de 170 euros ; cela semble à peu près raisonnable. Mais avec un taux réel de 2 %, l'addition explose : 624 euros. Or c'est le taux le plus souvent évoqué dans les propositions. Un authentique cheval de Troie. Le recours à la dette perpétuelle serait coûteux, potentiellement très coûteux en cas de déflation, en plus de ne rien résoudre quant au principal. On m'objectera la réussite des *consols* britanniques au XIXe siècle, mais tout était fait à l'époque pour assurer la stabilité, à commencer par l'inexistence d'un État-providence moderne. La rente perpétuelle a toujours donné satisfaction aux bourgeois, aux rentiers ; c'est vraiment la priorité par les temps qui courent…

Concluons.

Les 12 objections prétendent défendre des principes et le *bon sens*, mais elles manquent justement de sens, et sont souvent délivrées par des envieux. Il n'y a qu'un pas entre avoir des principes et se cacher derrière. Pour autant, il doit bien y avoir quelques critiques recevables. J'en vois quatre :

1. la remise des dettes n'est clairement pas un instrument de premier rang. C'est ce que l'on songe à faire quand la situation dégénère depuis déjà un moment, et c'est ce que l'on entame concrètement quand on est au pied du mur. Nous aurions dû nous inspirer plus en amont de la recherche moderne en politique monétaire, autour des travaux de Scott Sumner, sur une cible de PIB nominal (*NGDP targeting*) ; les Jean-Claude Trichet & Cie auraient été stoppés, et nous n'en serions pas là ;
2. une vaste annulation constituerait un possible encouragement donné aux complotistes et aux partisans de l'or, qui pullulent déjà sur Internet. Ces gens sont des malfaisants, organisés pour capter l'épargne des classes moyennes anxieuses par des techniques de *copyrighting* ; et tout ce qui part vers l'or et autres placements improductifs est détourné des canaux monétaires utiles. De façon plus générale, la demande de monnaie pourrait devenir transitoirement plus instable. Cela n'en rend que plus urgente la réforme de la BCE, en particulier un meilleur casting car il faudra de la compétence ;
3. depuis des années, la BCE reverse des milliards d'euros aux États ; cette source de revenus péricliterait avec nos propositions. Ce n'est pas un drame, mais

cela n'en rendra que plus urgente la réforme des finances publiques, que nous verrons plus loin ;

4. vu les malentendus autour de la proposition, et vu la force de l'opposition germanique et des autres blocages psychologiques, il est probable qu'il faudra agir en catimini. C'est beaucoup moins bien qu'une décision claire et assumée après une grande discussion avec toutes les parties. La qualité de la remise des dettes y perdra, mais nous sommes désormais dans une course contre la montre.

Notre remise des dettes n'a pas réponse à tout. Je crois que c'est une voix puissante, contrairement à un « ministre des Finances de la zone euro » ou à un « plan hexagonal sur l'hydrogène ». Je crois que c'est une voie juste et enthousiasmante, contrairement aux dettes perpétuelles. Elle est même capable de frapper là où ça fait mal : la cherté excessive de l'euro, et l'indépendantisme forcené de la BCE. Pour autant, cela ne résout pas des problèmes plus structurels ; de nombreux « vents contraires » subsisteront.

Résumons. Les dettes surnuméraires devront être remises, tôt ou tard. Les banques centrales peuvent très bien continuer à fonctionner avec une valeur nette négative. Si le sujet est adressé assez tôt, il peut encore être traité en bon ordre, avec les réformes, contreparties et garde-fous que nous allons maintenant étudier.

Partie IV

Remettre les dettes, mais pas tous les 10 ou 20 ans

Au fond, la seule grande objection contre notre proposition est celle d'une reconduction régulière et certaine de la remise, qui encouragerait sans doute les émetteurs publics et privés dans leurs dérives, et qui mettrait à mal la crédibilité des banques centrales, et à terme de la monnaie. L'idéal serait de conjurer ce risque par un grand Yalta des dettes, à froid : une réunion de refondation, du type Bretton Woods, qui rassemblerait toutes les parties, débiteurs et créanciers, autour d'une table, pour négocier la remise et ses contreparties. Mais il faudrait une bien grande table, et nos élites n'anticipent rien, n'agissent que dans l'urgence, et refusent d'assumer. Nous avons besoin d'une discipline pour le futur, mais nous avons vu que nous ne l'aurons pas spontanément : ni par le marché politique classique ni par les marchés financiers en phase de déflation. Il va falloir dans tous les scénarios nous contraindre nous-mêmes, et sans passer par la pression par les pairs en catimini.

Je propose trois axes, très immodestes : refondation monétaire (A), refondation budgétaire (B), refondation fiscale, sociale et réglementaire pour tarir l'économie d'endettement à sa source (C).

Remettre les banquiers centraux à leur place

> *« La société a le droit de demander compte à tout agent public de son administration. » – Article 15 de la Déclaration des droits de l'homme et du citoyen*

Comment nous protéger de nos protecteurs monétaires ? Comment rebâtir un système économique moins mensonger et plus libre ? La remise participe de cette refondation, mais elle ne suffit pas.

Réfléchir aux objectifs plutôt qu'aux « solutions »

Il est plus facile de produire des solutions que de réfléchir à des objectifs, rappelle souvent Christian Morel. Une banque centrale sans vraie cible, c'est comme un voyageur sans destination : du vagabondage. On reconnaît un discours de Mario Draghi hier et de Christine Lagarde désormais sur la cible d'inflation à ce que tous les verbes sont au futur. Ce n'est plus une cible, c'est un horizon, toujours fuyant.

Toutes les « solutions » et les rustines qui ont été collées depuis des années sur l'euro ont été présentées comme des victoires, mais souvenons-nous de Koutouzov devant ses généraux : « Vous recherchez des victoires, et je leur cherche un sens. » Nous perdons la guerre depuis 2007 à grands coups de victoires tactiques et techniques sur la liquidité, les taux d'intérêt et les *spreads*, le sauvetage de tel ou tel établissement, demain des *eurobonds* plus ou moins « verts », etc. C'est la voie de la Banque du Japon des années 1990 et 2000.

Le bilan du *central banking* actuel est calamiteux, et l'impasse stratégique totale. La politique monétaire de la BCE, qui devrait être focalisée, se disperse : pluralité d'objectifs (le ré-ancrage des anticipations d'inflation, certes, mais aussi la dynamisation du crédit, et tous les sujets liés à la supervision bancaire, et maintenant le risque climatique pour 2080), large palette d'instruments (FESF, MES, PSI, ASPP, PEPP, TLTRO, j'en passe) souvent redondants et non évalués. Dilution des moyens et des résultats, et au fond de la responsabilité.

La BCE devrait au moins s'informer au sujet de la recherche moderne en politique monétaire. Lire Scott Sumner, Adam Posen, Christina Romer, et converger vers une cible de croissance du PIB nominal, conforme au traité, conforme aux meilleures pratiques, conforme à la canalisation de dettes qui naissent souvent de chocs nominaux qui auraient pu être évités. Penser à un objectif sérieux, pas à des objectifs intermédiaires comme les conditions de financement (qui relèvent plutôt du secteur privé), pas à des coups tactiques au petit bonheur la chance. Au lieu de cela, la BCE s'est lancée dans une vaste « réflexion » de près de deux années (en pleine pandémie) pour aboutir à la conclusion qu'elle devait multiplier les symposiums sur les inégalités hommes-femmes et la lutte contre les émissions mondiales de carbone au XXIe siècle, des domaines où elle ne dispose d'aucun levier d'action et d'aucune légitimité, en attendant une prochaine communication sur la défense des bébés phoques.

En finir avec l'indépendantisme : pour une BCE autonome

De nos jours, les pacifistes sont dans les gouvernements, les missiles sont dans les banques centrales. Contrairement à ce que l'on s'imaginait à l'époque du traité, ce n'est pas la BCE qui devrait être protégée, c'est le grand public et ses élus qui devraient être protégés de la BCE !

Dans une démocratie libérale, l'indépendance d'une institution la condamne à un pouvoir vigoureusement limité. C'est pourquoi on place l'armée sous la tutelle du gouvernement, et qu'on n'accorde une indépendance étendue à la banque centrale que dans un régime monétaire où sa marge de manœuvre est très limitée (étalon-or, et autres arrangements monétaires destinés à singer l'étalon-or) : par exemple, à l'époque pas si lointaine où elle ne s'occupait ni des taux de change, ni de la supervision bancaire, ni ne faisait pression pour des réformes budgétaires ou structurelles à son goût. Voilà ce qu'on a perdu de vue : la tradition libérale ; et ce sont souvent des gens qui se prétendent libéraux qui sont à la pointe dans cet égarement.

Il faut d'abord se souvenir que les banquiers centraux sont les champions des OPA institutionnelles, surtout quand ils ont devant eux une quinzaine de gouvernements très divisés. Ce qui signifie qu'ils ont tendance à élargir leur périmètre à chaque occasion, et les occasions ne manquent pas dans une zone économique en crise permanente. Il y a moins d'une décennie, la BCE au faîte de son hégémonie s'arrogeait le droit de dicter la politique fiscale des États, tout en annexant de nouvelles missions régaliennes (OPA sur les questions de taux de change, par exemple), et tout en se prononçant sur les bonus des traders, sur les dividendes des banques, sur les taux immobiliers, et plus récemment sur les émissions de CO_2 (car il paraît qu'ils ne peuvent rien faire contre l'euro cher mais qu'ils peuvent incurver les émissions globales). Cet expansionnisme ne peut pas durer. Une banque centrale indépendante, supranationale et suprapuissante, comme dans l'entre-deux-guerres avec Montaigu Norman, le docteur Schacht et le Français Moreau, des apparatchiks consanguins, on sait comment ça se termine : une belle déflation, pour finir par une reprise en main brutale.

Nous devons désormais limiter la concentration des pouvoirs entre les mains de gens non élus, inamovibles et fonctionnant *de facto* en vase clos (Milton Friedman, à propos des banquiers centraux : « Tout système qui accorde de si grands pouvoirs et une si grande discrétion à quelques hommes, de telle sorte que leurs erreurs, excusables ou pas, peuvent avoir des effets si vastes, est un mauvais système. C'est un mauvais système parce que cela donne à quelques hommes un tel pouvoir sans aucun contrôle effectif par le corps politique[21] »). Quoi que l'on pense de Berlusconi ou de Papandréou, ce n'était pas à la BCE de les congédier.

On ne manque pas de fédéralisme, on manque de contre-pouvoirs, de concurrence, d'un écosystème de la pensée critique ; pour un juste questionnement de l'autorité. Comment ce dernier pourrait-il avoir lieu alors que nous ne disposons des *transcripts* des réunions BCE qu'après un délai de cinquante ans (cinq ans pour

21. Milton Friedman, *Inflation et systèmes monétaires*, Calmann-Lévy, 1969.

la FED…), alors qu'on ne sait même pas s'ils votent vraiment au sein du comité de politique monétaire (on nous dit le plus souvent, comme à des enfants : ils ont voté « à l'unanimité » ; personne n'y croit…) ?

La BCE devrait avoir les coudées franches sur les questions techniques, comme l'architecture de son bilan et la nature des actifs qu'elle achète, mais rendre des comptes scrupuleusement aux élus à propos de la cible ; on a tout organisé dans le sens inverse.

Tant que les Européens ne menaceront pas les officiels de la BCE des pires sévices, ces derniers continueront à crier « Au feu ! » en plein déluge. En attendant que l'on arrive au bon dosage (autonomie forte sans indépendance : liberté sur les moyens, asservissement fort à une règle de PIB nominal), le balancier risque d'aller trop loin dans l'autre sens : le Trésor comme propriétaire et bénéficiaire effectif de la banque centrale, cette dernière comme fenêtre de liquidité du Trésor. Rien de nouveau là encore.

Ce n'est pas à la banque centrale de superviser les banques commerciales et de régenter le crédit au secteur privé.

Les banques commerciales sont pour la BCE à la fois des clientes, des indicateurs, des sujets de régulation et de supervision, des contreparties, et des vecteurs de transmission de la politique monétaire. C'est trop pour ne pas attiser les conflits d'objectifs et les conflits d'intérêts. Les « murailles de Chine » qui avaient été promises il y a une décennie à peine sont déjà constellées de trous.

Par exemple, si des taux d'intérêt de la banque centrale nettement négatifs constituent une mauvaise idée, qu'ils soient rejetés ; mais que l'on ne se demande pas en permanence s'ils sont rejetés en fonction de deals avec l'industrie financière. *Idem* pour la rémunération des dépôts.

Aujourd'hui, la BCE prétend entrer dans certains conseils d'administration, et les banquiers découvrent, mais un peu tard, qu'accepter la protection au prix de la liberté est un pacte dangereux.

Autre dérive classique, le créditisme. Les banquiers centraux n'ont plus très envie de faire de la politique monétaire, ils préfèrent jouer aux banquiers. Or, quoi que l'on pense des banques de la zone euro, elles ont plus de légitimité que Francfort pour allouer des crédits aux ménages et aux entreprises. La supervision par la BCE n'était déjà pas une bonne idée, mais en plus elle a ouvert la voie à l'encadrement du crédit et à la modulation des taux d'intérêt en fonction du degré d'obéissance.

Il faudra un jour traiter la question du casting

Une belle formule dit que les esprits supérieurs s'intéressent aux idées, les esprits moyens aux événements, et les esprits faibles aux personnes. Je dois être un esprit très faible car je crois qu'il faudrait revoir de fond en comble la composition du comité de politique monétaire de la BCE. Pour justifier cette faiblesse : les questions de personne prennent un poids sans cesse croissant (c'était l'une des trois objections de Milton Friedman contre l'indépendance du banquier central, avec la constitution d'un État dans l'État et les dérives créditistes).

Il y a bien une crise épistémologique à Francfort puisque tout ce que les banquiers centraux nous ont dit depuis vingt ans a été réfuté en bloc par les faits : la zone euro comme « îlot de stabilité dans un monde d'instabilité » (l'euro bouclier), la « ZMO endogène », le retour de l'inflation par les salaires, etc.

Ce sont les gens de la BCE qui se sont tiré une balle dans le pied : en ne demandant jamais à un des 20 ou 30 spécialistes européens reconnus de politique monétaire de travailler à Francfort, même à temps partiel, ils ont érodé leur légitimité technocratique ; dès lors, les politiques peuvent revenir plus facilement, ce qu'ils ont déjà commencé à faire : si la banque centrale n'est pas un club de haut vol, si n'importe qui peut y entrer parce que les modèles ne servent plus à rien et que les prévisions sont faites au 421, la brèche est ouverte.

Les deux choses les plus importantes pour une organisation n'apparaissent pas dans son bilan : sa réputation et ses hommes. Nos banquiers centraux modernes disposent d'un capital réputationnel mirobolant, qui n'a pas grand-chose à voir avec un casting prestigieux ou un « *track record* » estimable : ils sont crédibles car ils sont puissants, pas parce qu'ils sont compétents. Sur les marchés, le vieux dicton « *Never fight the FED* » n'a jamais été aussi respecté, en dépit des nombreux échecs de l'institution. Avec la remise des dettes, un nouvel équilibre se formera, moins furieusement indépendantiste, qui se traduira peut-être par un renouvellement des élites monétaires et par une plus grande transparence dans ces affaires. Si l'on souhaite que la BCE soit moins surpuissante et toujours crédible (au sens de suivie) sur les marchés, elle devra faire preuve d'une plus grande compétence, ce qui implique un moindre recrutement chez les amateurs en politique monétaire, et la fin du « 1 pays = 1 voix » à Francfort qui place le représentant letton sur un pied d'égalité avec des représentants de pays vingt fois plus peuplés (et probablement mieux équipés en experts de politique monétaire).

Faire pression pour la fin de l'euro cher instauré vers 2003

La BCE a annexé le sujet des taux de change dès le début des années 2000, alors que le traité européen prévoyait un partage des rôles avec l'Eurogroupe. Cela ne choque plus de nos jours que quelques archéologues des questions monétaires, alors que les conséquences sont très concrètes pour tous les habitants de la zone, quand il faut corriger par des largesses budgétaires ou créditistes les dégâts souterrains d'un euro trop cher.

L'idée planiste selon laquelle un petit groupe d'hommes pourrait déterminer le pouvoir d'achat d'une nouvelle monnaie par rapport à d'autres, pour l'éternité, par exemple dire qu'un euro vaut 1 936,27 lires italiennes jusqu'à la fin des temps, est une superstition scientiste, pour parler comme Hayek. La valeur d'une monnaie est fixée sur un marché, dans un cadre décentralisé et gradualiste de découverte, de tâtonnement. Car une monnaie est un véhicule d'informations, une entreprise du connaître, et doit donc pouvoir évoluer. Quand bien même un comité de magiciens aurait deviné que la valeur de l'euro fin 1998 rôdait près de 2 000 lires italiennes, il n'y aurait aucune raison de s'attendre à ce que cet euro conserve cette valeur pour 1 000 ans. Or c'est bien là tout l'ADN de l'euro, et de la BCE.

Nos élites ont « oublié » que, de temps à autre, on traverse des périodes de vaches maigres. Ou, plus exactement, ils ont estimé que l'intendance suivrait : on ne pourrait certes plus dévaluer pour aplanir les chocs, mais le facteur travail ferait preuve de flexibilité (de docilité). Ils étaient tous bac+5 et peu concernés par les licenciements, ceci explique un peu cela. Les choses ont empiré vers 2003 quand la BCE s'est emparée des taux de change, puis lors de la grande crise de 2008. Depuis, elle soutient l'idée fausse selon laquelle une dépréciation de l'euro n'aurait d'effet que *via* les échanges extérieurs. C'est une façon de nier les effets sur les anticipations d'inflation, et donc sur les taux réels, et donc sur toute la macroéconomie ; mais cela marche plutôt bien dans l'opinion publique. Elle soutient donc que l'euro est proche de ses fondamentaux, depuis toujours et à chaque instant, ce qui est archi-faux quand on regarde les réalités économiques, et ce que savent bien tous les gérants d'actifs de la planète qui évitent soigneusement les actifs eurolandais chaque fois qu'ils le peuvent en raison de leurs faibles perspectives. Et s'il y a bien une énième preuve de la lévitation artificielle de l'euro, c'est sa hausse à partir de mai 2020, alors que la zone euro est l'épicentre de la pandémie, puis à proximité d'une zone de guerre, dans une vulnérabilité énergétique durable. Début 2023, l'euro est presque au même niveau que trois années plus tôt face au dollar : notre déclassement ne se voit pas sur la parité, un nouvel indice de cherté, de retard de la BCE, et une nouvelle source de désindustrialisation.

« Une opération d'assainissement financier ne peut se faire qu'à un niveau approprié de la monnaie[22] », disait Jacques Rueff, qui a proposé des réformes structurelles vers 1928 et vers 1960 mais APRÈS une dévaluation (de même que les Suédois, au milieu des années 1990). On le voit bien depuis 2007, et encore en 2020, où les pays qui ont pu ajuster leurs taux de change (Suède, Pologne…) s'en sont sortis beaucoup mieux que les rigides de la zone euro.

Synthétisons.

Nous devrions lutter afin d'obtenir de nos banquiers centraux :

- plus de modestie (sur leurs performances, et non sur l'efficacité potentielle d'une politique monétaire) ;
- plus de transparence (il y a de la marge ; obtenir au moins le détail des votes et des débats) ;
- moins de bla-bla autour des thèmes non monétaires : recentrage des débats sur une cible, fin du discours prêchi-prêcha (« Il faudrait des réformes structurelles »), moins de diffraction du blâme (« C'est la faute de la démographie », « C'est au gouvernement d'engager un nouveau plan », etc.) ;
- moins de recrutements consanguins (plus d'économistes, moins de bureaucrates) ; des liens avec la recherche moderne, académique ou de marché ;

---

22. Jacques Rueff, « Souvenirs et réflexions sur l'âge de l'inflation », conférence prononcée au Centre universitaire méditerranéen de Nice le 13 février 1956. Texte reproduit dans *L'Âge de l'inflation*, Payot, « Études et documents Payot », 1963.

- la fin de leur maudite supervision bancaire, confiée à une agence quelconque, n'importe laquelle : le plus loin possible des décisions de politique monétaire.

Sans cela, sans une BCE moins endogame et sans une détente monétaire significative que l'on doit voir traduite par un euro en dessous de la parité avec le dollar US pendant un moment, les dettes reviendront, inévitablement, par la déflation ou par le chantage.

Réinventer une forme de modération budgétaire : remettre l'État à sa place

Travailler sur la qualité des dépenses nationales

> *« Faites-nous de bonnes politiques, et je vous ferai de bonnes finances. » – Baron Louis*

Il s'agit, pour parler comme Gérard Thoris, d'un contrat proposé aux peuples : si tu arrêtes de préempter l'argent que la maigre croissance future peut amener afin de financer des dépenses de consommation, alors le stock de dettes publiques constitué dans l'idée de soutenir cette croissance n'aura pas à être remboursé intégralement ; sous réserve d'un engagement solennel, d'une vigilance de marché (en ne cassant pas complètement ce thermomètre), et d'une clause de revoyure.

J'insiste sur la réorganisation institutionnelle, pas sur la comptabilité des soldes budgétaires annuels : les tournois sont gagnés par les gens qui se concentrent sur le jeu, pas sur le tableau des scores.

D'abord, un État efficace est un État qui atteint les objectifs qui lui sont assignés par le corps politique, en dépensant le moins possible tout en fournissant la qualité de service la plus élevée possible. Pour apprécier son efficacité, il faut lui assigner des missions évaluables, pas trop vagues.

L'action de l'État devrait à chaque fois que cela est possible s'inspirer de la réponse d'Henry Ford à la question « Qu'est-ce qu'un bon patron ? » : *quelqu'un qui ne doit rien faire, tout faire faire et ne rien laisser faire.* L'État dans ses figures autres que celle de l'État régalien doit déléguer le gros du travail, puis évaluer avec intransigeance. Il fait exactement le contraire. Il a toujours et partout été un piètre actionnaire, ne sait à peu près plus rien produire depuis fort longtemps, se montre très dispendieux dans les projets informatiques, et cogère trop souvent avec des groupes de pression. Par contre, son évaluation arrive tard, et ne porte pas à conséquence. Ce qu'il faut, du côté de l'État comme sur les marchés financiers, ce n'est pas plus de régulation, c'est une meilleure supervision ; et des sanctions, positives et négatives.

C'est en clarifiant les missions et en évaluant les résultats que l'on pourra reconstruire un État fort qui dépense bien. Pour un fonctionnement de qualité des services publics, on privilégiera l'autonomie des établissements, la contractualisation de leurs missions et de leurs moyens, ainsi que des procédures de contrôle renouvelées. Des « unités de production administratives » seraient dotées des trois instruments de l'efficacité : un objectif, un responsable et un budget. Seule une réelle autonomie contractualisée peut servir de base à une évaluation des résultats. Seule la responsabilisation des acteurs est de nature à améliorer la qualité des services et à en réduire les coûts, par la prise de décision au plus près des réalités. Ce n'est pas avec le système actuel que l'on peut faire émerger des Raoul Dautry ou des Marcel Boiteux, des leaders au service de l'intérêt général. Les acteurs de ces unités devront être intéressés aux économies réalisées. Cela nous changera d'un système dans lequel on déclare son amour pour le service public lors d'un grand oral pour pantoufler cinq ans plus tard dans une firme que l'on a inspectée soi-même.

La voie néo-zélandaise : une approche patrimoniale des finances publiques

La politique budgétaire se voit ici assigner le rôle de faire en sorte qu'une génération transfère à celle qui suit une richesse nette (actifs publics moins dettes publiques) au moins égale à celle qu'elle a reçue. Pour cela, les Néo-Zélandais se sont concentrés sur la pertinence de la dépense publique : l'idée est qu'il vaut mieux dépenser deux dollars utiles plutôt qu'un dollar inutile. S'il faut 100 pour sécuriser un quartier, que l'on mette 100, plutôt que d'arroser dans le temps ; mais que l'on mesure bien les effets. On travaille ainsi aux niveaux micro et méso-budgétaires, on passe d'une comptabilité de caisse à une comptabilité patrimoniale, on évalue à tous les étages, on procède à un *reengineering* complet de la sphère publique, on se soucie de la sincérité budgétaire (car franchement que signifie un demi-point de déficit en plus ou en moins quand on connaît l'ampleur des bombes à retardement dans les comptes sociaux), on crée des incitations pour les managers publics (même la rémunération du banquier central est indexée sur le respect de sa cible d'inflation ! Imaginez en zone euro !). Les impôts et les déficits sont bien mieux canalisés qu'avec une approche « *top down* » : dans les années 1990, les dépenses publiques néo-zélandaises passent de 49 à 38 % du PIB, et la dette publique nette de 60 à 30 %.

Cette voie suppose de l'audace, doublée d'une grande constance, dans la gestion publique : c'est peut-être beaucoup demander en France ; mais comme le dossier néo-zélandais est sur la table depuis plus de vingt ans, avec des tonnes de littérature OCDE, nous pourrions peut-être nous y mettre.

Se former à l'économie politique de la réforme

Je ne connais pas un seul pays et une seule période où la formule chamanique « Il faudrait faire des réformes structurelles » ne s'appliquerait pas. Quelque chose qui est vrai tout le temps et partout sans discrimination ne présente guère d'intérêt. Et ce n'est pas parce que les gens qui en parlent le font avec gravité et un faux air d'orthodoxie que la formule devient pertinente. Bien entendu, il faudrait un marché plus concurrentiel sur les marchés des biens et du travail : pour l'économie, et plus encore pour nos libertés. Mais cela est plus facile à dire qu'à faire : cela ne semble pas être le choix prioritaire de l'électorat, cela se télescope avec les pressions déflationnistes qui poussent plutôt à un soutien de la demande, et cela semble toujours commencer par les autres (la définition d'une rigidité, d'un privilège à abolir, en 4 mots ? *commencez par mon voisin*). La réforme est difficile, parce qu'elle suppose de heurter de front des intérêts corporatistes bien organisés et des groupes spécialisés dans la prédation de rentes qui ont accumulé de nombreuses ressources pour se défendre. Il y a toute une littérature académique sur l'économie politique de la réforme, qui n'est pas du tout étudiée par nos politiques, et qui conclut qu'il n'est pas évident du tout d'obtenir de nos jours des résultats significatifs, à moins de se situer au bord du gouffre (et encore), à moins de trouver des alliés, de payer pour réformer (mais avec quel argent ? suivez mon regard), et d'agir sur la structure des incitations ; tout cela prend du temps et exige donc de la constance.

Ce que le monde politique eurolandais a retenu des réformes Schröder (le seul cas de réforme à grande échelle depuis l'introduction de l'euro), c'est ceci : la réforme, il faut en parler toujours, mais ne surtout jamais la faire. Car le SPD est encore encalminé, une quinzaine d'années après. Ne surtout pas faire de réforme, tout en se donnant des airs de réformateur, est bien plus attractif que d'en faire, en termes d'arbitrage rendement/risque. De nos jours, il n'y a même plus de tentatives, au point que la mentalité dominante pourrait être résumée par cette formule de lord Salisbury : « Les choses vont déjà si mal, vous ne voulez pas en plus les changer. » C'est pourquoi j'ose l'idée que le bilan des réformes Schröder est en fait négatif : il a plutôt dissuadé les réformes ultérieures, en Allemagne et ailleurs, il a de plus enfermé le débat en des termes mercantilistes.

Depuis, les mesures fiscalo-réglementaires se prennent, les vraies réformes se traînent. Par vraie réforme, je n'entends pas la libéralisation des bus entre Albi et Charleville-Mézières, ou la baisse des charges compensée par la hausse de la CSG (la politique commune de TOUS les gouvernements français depuis 1992) ; je parle de choses susceptibles d'impacter la macroéconomie : la limitation des restrictions foncières, pour qu'un vrai marché immobilier puisse voir le jour, ou la fin du biais fiscal favorable au financement par endettement et défavorable au financement par fonds propres.

Une façon d'agir serait d'abaisser nos taux d'actualisation (notre dévaluation du futur), autant dire de tirer les conséquences de la baisse des taux d'intérêt : car de nombreuses réformes utiles ne portent effet qu'après des années (la « courbe en J » des réformes) ; nous leur donnerions notre chance en étant moins courtermistes, et en plus c'est le marché qui nous le demande. Une autre voie est de trouver des alliés à la réforme ; la remise des dettes va dans ce sens : *faites-vous des amis avec l'argent trompeur*. Il faut souvent payer pour réformer ; et la remise des dettes peut fournir quelques ressources pour négocier. Nous pourrions aussi tordre le bras de la Banque de France, pour qu'elle fasse au moins sur les dettes françaises ce que la Bundesbank a fait aux dettes des banques régionales allemandes il y a une décennie, mais ce serait moins propre.

Axe pour la France : moins de diversions…

Au préalable, un grand travail de « priorisation » comme on dit de nos jours. Disraeli avait raison : la tâche des gouvernants est de garantir la protection sociale du peuple. C'est déjà énorme. Ce n'est plus guère compatible, dans un pays endetté où la croissance est faible, avec l'idée de se lancer dans un plan de 7 milliards d'euros sur l'hydrogène, et dans un autre, européen, de 8 milliards sur les supercalculateurs, tout en dopant des « licornes », tout en allant au secours d'Orpéa, etc.

Il n'y aura aucune maîtrise des finances tant que des stratégies claires, assumées et constantes ne reviendront pas dans notre État. Par exemple, on peut décider de mettre le paquet sur la réduction des émissions de CO_2, et on peut vouloir sortir du nucléaire ; mais pas *en même temps* (comme le gouvernement qui prétendait il y a peu de temps vouloir décarboner l'économie, mais qui envisageait la fermeture de 14 réacteurs à l'horizon 2035). Il y a vingt ans, on s'engageait dans les 35 heures, et dans le même temps on s'engageait dans l'euro qui poussait à des démarches schrödériennes de dévaluations internes. De nos jours, une force milite pour une libération de l'économie vis-à-vis de la bureaucratie, une autre force plus insistante réclame des diplômes pour exercer telle ou telle profession, et autres barrières à l'entrée hissées contre l'arrivée de nouveaux entrants.

Les réformettes envisagées en 2017 touchaient surtout le secteur privé, exposé au monde, déjà très efficace et maintes fois réformé dans ce pays : elles touchaient peu le secteur protégé. Pendant que l'Élysée tripatouille les indemnités chômage, la raison d'être des entreprises, la formation professionnelle, le nombre de femmes dans les conseils d'administration, il ne s'occupe pas de ce dont il a la charge : la clarification des missions de l'État, la refonte de la carte territoriale, la simplification réglementaire, l'introduction d'incitations plus nettes (positives ET négatives) dans les grilles salariales de la fonction publique. On reste donc sur un schéma classique où les autorités publiques donnent des leçons au secteur privé tout en lui fournissant de bien fâcheux exemples. Là aussi, le salut ne peut venir que d'une prise de conscience, suivie d'une exigence et d'une vigilance véritables. Quand un politique s'exprime sur la souffrance animale, la régulation des réseaux sociaux ou le crime d'écocide, dites-vous qu'il s'agit le plus souvent de diversions pour éviter d'avoir à faire le sale boulot, son boulot : la refonte de l'État-providence, la productivité dans les services publics, la séparation entre transferts légitimes et transferts redondants ou désincitatifs. Il faut réaliser à quel point l'autorité politique nous divertit par la variété de ses « combats », de même que la banque centrale nous divertit par la variété de ses objectifs et de ses dispositifs.

Un nouveau pacte

Une fois les dettes en partie annulées, il y aura enfin un espace de légitimité à demander de la discipline, mais avec d'autres méthodes que celles (idiotes)[23] du pacte de stabilité des années 1990.

23. Le pacte était porteur d'un risque de *crushing out* : les « efforts » se font sur la réduction des crédits d'investissement car ils sont plus facilement compressibles que les dépenses courantes, et les effets des coupes claires ne sont visibles qu'à moyen-long terme (de sorte que le coût politique de leur compression est faible). La règle des 3 % de déficits publics était un calcul de coin de table pas très sérieux. La règle des 60 % de dette brute occultait les dettes implicites, hors bilan. Enfin, il y avait le mythe des sanctions décidées *à l'unanimité*.

Le pacte était un lit de Procuste qui a fini par décrédibiliser l'institution qui en avait la garde, la Commission. Un mythe à ne surtout pas perpétuer : l'idée que les règles peuvent se substituer à la réalité. Car il n'y a pas de technologie simple pour contrecarrer les déficits : les règles budgétaires sont nuisibles pour un gouvernement qui veut gérer sérieusement ses finances, et *de facto* inutiles pour empêcher un gouvernement irresponsable de se comporter comme tel. Des économistes l'avaient bien analysé, en amont[24], mais pourquoi diable consulter des professionnels ?

Et maintenant que tout cela a volé en éclats, que faire ? La règle d'or des finances publiques est souvent évoquée ; elle stipule que les dépenses d'investissement doivent être financées par l'emprunt, pour garantir l'équité intergénérationnelle. Les dettes des États aujourd'hui financent des dépenses courantes, pour ne pas dire la masse salariale ; surtout en France. La dette doit en bonne théorie financer (hors situation exceptionnelle : crise majeure, effort de guerre…) un investissement permettant de dégager un surcroît de richesse permettant son remboursement par la fiscalité induite. Mais la distinction entre dépense d'investissement et dépense courante n'est hélas pas toujours pertinente, ni facile à opérer : tout le monde cherchera à requalifier ses dépenses en investissements (toute dépense étant

24. « Nous verrons ce qui se passera lorsque la nouvelle Europe monétaire affrontera sa première récession sérieuse. À mon avis, le système de pénalités mis en place dans le cadre du pacte de stabilité ne sera jamais appliqué. Il tombera de lui-même en désuétude », Martin Feldstein, interviewé par McIntyre (1999), *20 économistes face à la crise*, Odile Jacob.

considérée comme « d'avenir ») ; dans le cas britannique, la règle d'or a conduit à un niveau trop important d'investissement public, et l'endettement a explosé dès que la bise fut venue.

Autre formule élégante mais peu efficace, le distinguo déficit cyclique/déficit structurel. Certes, ce n'est pas la même chose de faire 3 % de déficit avec 0 % de croissance ou avec 2 % ; mais chacun cherchera à lier les déficits aux injustices du cycle économique, en tripatouillant, par exemple, le concept de croissance potentielle à son avantage (rien de plus facile). Et comment respecter cette règle quand les engagements budgétaires des États sont annuels et les renversements conjoncturels presque instantanés ? Il était évident bien avant le Covid que les États violeraient plus ou moins régulièrement la règle des 0,5 % de déficit structurel imaginée il y a quelques années par la Commission.

L'Europe a su reconnaître la raison des règles dans les années 1990, elle n'a jamais trouvé les règles de la raison. Peut-être faudra-t-il passer des règles aux standards : des prescriptions qualitatives, qui laisseront de la marge pour le jugement. J'ai déjà parlé de la méthode néo-zélandaise. Et travailler plus sur l'agent de la règle que sur la règle elle-même : par exemple, passer moins par un commissaire européen, et plus par les parlementaires nationaux, du moins si ceux-ci acceptent de travailler à nouveau sur leur mission première, de ne pas multiplier les textes sur tous les sujets, et de se fâcher parfois avec le pouvoir.

Remonétiser le Parlement

De même que nos généraux du XXe siècle appartenaient à un clan soudé, trop soudé, nos décideurs viennent tous du même groupe social, les hauts fonctionnaires. Il n'y a plus de classe politique en France, seulement une organisation administrative. Pour réformer, il faut d'abord réformer les réformateurs. Simplifier la carte territoriale. Et redonner du pouvoir aux élus (à condition qu'ils soient formés et équipés, ce qui n'est pas le cas j'en conviens).

Les parlementaires sont théoriquement chargés de la surveillance budgétaire depuis la *Magna Carta* imposée au roi Jean sans Terre par les barons anglais en 1215 ; en France, ils se sont laissé déposséder de cette mission cruciale. On ne peut plus dire, comme Schumpeter en son temps, que le budget est « le squelette de l'État débarrassé de toute idéologie trompeuse » : le budget présenté au Parlement ne couvre plus qu'une section minoritaire des activités publiques et des promesses faites à la nation. On cache aux citoyens l'ensemble des coûts associés à la propagation de *faux droits*. Lorsque l'État prévoit la future retraite de ses agents, le montant des provisions pour pensions est inscrit ailleurs qu'au budget annuel approuvé par le Parlement. Comment la démocratie parlementaire ne pourrait-elle pas être affectée par ce genre de micmac, et par le fait que presque toutes les recettes publiques soient déjà consacrées à des programmes de dépenses automatiques, laissant aux législateurs très peu de dépenses possibles dont ils peuvent débattre sans engager immédiatement des déficits ? Le Parlement ressemble de plus en plus, pour citer Charles Perrault, à « l'ombre d'un cocher brossant l'ombre d'un carrosse avec l'ombre d'une brosse[25] ». Cela ne semble déranger personne, alors que tout au long de la crise Covid nous avons vu en France que l'absence d'un vrai Parlement pose de lourds problèmes.

Nous pourrions commencer par l'expertise, en plaçant auprès du Parlement la plupart des organismes de prévision, d'évaluation, de contrôle. Y compris la Cour des comptes. Il nous faut un CBO à la française, des auditions, des commissions d'enquête. Moins de députés, mais mieux outillés. Ils mettraient en œuvre la démarche néo-zélandaise, passeraient des intentions aux résultats : moins de lois bavardes et incantatoires, plus de contrôle. Le bon modèle ici est le Sénat américain, qui est très bien équipé et qui sait se faire respecter. Ajoutons que les parlementaires ne peuvent contrôler l'État s'ils en font partie et peuvent y revenir à leur convenance.

La France ne manque pas de cadres de programmation pluriannuelle et de règles techniques. Elle ne manque pas non plus d'experts. Elle manque de méthode, et de prudence. Tous les ans depuis trente ans, le déficit est révisé à la hausse en cours d'année, en raison d'hypothèses initiales résolument *volontaristes* (en langage politique, c'est-à-dire : bien trop optimistes). Et nous avons recommencé en 2017 avec la vieille technique consistant à insulter l'intelligence des citoyens : des engagements de maîtrise des finances publiques fondés sur des prévisions de croissance deux

25. « Le Virgile travesti », traduction du sixième livre de l'*Énéide travestie*, 1648-1649.

fois supérieures à notre croissance potentielle, pendant cinq années, et n'incluant jamais la moindre probabilité de récession. Près de 4 points de PIB de dépenses publiques en moins, c'était l'objectif initial du gouvernement à horizon 2022, c'est-à-dire un effort inédit depuis 1945. Inutile de préciser que je n'y croyais pas une seule seconde, même avec une croissance à 2 % par an (et elle sera plus proche de 0 %) : dès le départ, avec le refus de profiter des 100 ou 200 premiers jours pour s'attaquer aux sujets sérieux, c'était impossible. De vrais députés liés à de vrais experts auraient dénoncé cette approche hypocrite ; certes, le pouvoir serait passé en force de toute façon, mais le prix politique à payer aurait été bien plus élevé.

Enfin, le contrôle parlementaire pourrait aussi toucher à des affaires importantes, comme la politique monétaire ou la politique énergétique du pays. De ce point de vue, la « convention climat » est une monstruosité institutionnelle qui en dit long sur la décadence de nos institutions et sur la désorientation de l'opinion publique. Quand on a déjà le fait majoritaire et l'infantilisation des élus locaux à tous les échelons, on ne rajoute pas des machins.

Le localisme

Plus le pouvoir est concentré, plus il est budgétivore : si tout ne se décidait pas en France à l'Élysée, dans le bureau du Monarque et au voisinage immédiat de sa Cour, par quelques anciens de promo, les finances seraient mieux tenues à la longue. Car les petites erreurs (on en fait toujours) resteraient des petites erreurs.

Appliquer le très libéral et très chrétien principe de subsidiarité n'est pas une chose simple, mais c'est indispensable sur notre sujet et sur quelques autres.

Reconnaissons déjà que Jean-Jacques Rosa avait raison. *Small is beautiful.* Il est vain d'imaginer qu'il sera plus facile de régler les problèmes locaux depuis Paris et *a fortiori* depuis Bruxelles. Il est *de facto* plus facile pour un petit pays de réformer : plus grande homogénéité des préférences chez les agents économiques (ce qui favorise tantôt les thérapies de choc façon Israël 1983, tantôt les vastes compromis sociaux façon Pays-Bas 1982), pressions supplémentaires de l'extérieur et risque de fuite de la base taxable (qui oblige sinon à l'État minimum du moins à l'État efficace). La plupart des cas que l'on nous cite en exemple (de l'Irlande des années 1980 et 1990 à la Suède de 1994, en passant par la Nouvelle-Zélande que nous avons survolée) sont des petits pays assez homogènes. Et il y a aussi bien des choses à étudier du côté du modèle suisse.

Pour une claire imputation des responsabilités, chaque échelon devrait être doté d'un impôt et si possible d'un seul, nettement identifié. Encore une fois : un objectif, un responsable et un budget. Pour l'heure, chaque collectivité en chevauche une autre, tout en restant dans une situation infantile vis-à-vis de Paris, avec assez de collégialité et de doublons pour diffracter le blâme.

En finir avec le mythe du couple franco-allemand

La plupart de nos choix publics sont tributaires de ce couple dont les Allemands ne font même plus mention depuis des années. La remise des dettes est aussi l'occasion d'un déballage sur le fond.

L'Allemagne présente la particularité depuis la réunification de multiplier les bombes à retardement et de les faire payer à tout le continent dont elle est l'ancre monétaire. Après Fukushima, quand Angela Merkel a fait un virage à 180 degrés sur le nucléaire, 8 Gigawatts ont été arrêtés ; la valeur amortie de ces 8 GW était d'environ 15 milliards d'euros. Pour les remplacer, ce pays a investi 300 milliards d'euros dans les énergies renouvelables. Bravo. Mais cela a complètement désarçonné tout le secteur électrique européen pour une décennie, sans compter l'effet sur la pollution et les émissions de CO_2 du recours au charbon. Quatre ans plus tard, Merkel, qui était en manque de décisions unilatérales susceptibles d'affecter tout un continent pour des décennies, a décidé d'accueillir 1,5 million de migrants qui ne parlaient pas un traître mot d'allemand et dont le taux d'emploi dans le secteur privé hors ONG reste, cinq ans plus tard (et en dépit de très grosses dépenses publiques d'insertion), fantastiquement faible. Encore bravo. Cela a affaibli encore plus des pays comme la Grèce et l'Italie, qui étaient en crise, tout en dopant les résultats de l'extrême droite germanique dont l'une des caractéristiques est sa détestation de toute tentative de détente monétaire (ce qui n'est pas pour rien dans la ténacité des Allemands à maintenir un ordre monétaire qui sanctuarise les dettes). Bravissimo. Et en plus cela a encouragé au Brexit. Et, en prime, les élites parisiennes sont encore plus persuadées qu'il existe un couple franco-allemand, moteur du « fédéralisme européen ». Elles commencent à se rendre compte de leur cocufiage depuis la taxinomie et le plan de relance outre-Rhin, mais très partiellement car cela leur fait trop mal.

Il faut accepter l'idée qu'on ne fait rien de bon entre Français et Allemands : cela a commencé (si j'ose dire) avec le compromis protectionniste sur la PAC, et cela n'a pas arrêté depuis, sur la politique extérieure et de sécurité commune qui n'a jamais vu le jour, sur l'euro qui, hélas, a vu le jour, etc. C'est la cartellisation franco-allemande qui, en 2003-2004, a commencé le viol du pacte de stabilité. Nous pourrions dire de même de l'EPR, bel objet franco-allemand qui marche très bien en Chine mais nulle part ailleurs à un coût raisonnable. Ou de l'Ariane 6, en retard et non réutilisable à la suite d'un compromis bancal franco-allemand. Ensemble, tout est possible… ou pas.

Berlin est arrivé à projeter une impression de rigueur, nous l'avons vu. Tous les pays essaient d'obtenir une telle aura de vertu en fautant eux aussi un maximum, peu y arrivent. L'Allemagne a commencé il est vrai par se charger d'une dette énorme, en dépensant 2 000 milliards d'euros pendant trente ans pour mettre au niveau (ou presque) ses 18 millions d'habitants ex-conducteurs de Trabant ; encore faut-il nuancer cette générosité, vendue aux électeurs comme une approche préventive d'anti-migration interne (« Si le Deutsche Mark ne va pas vers l'Est, c'est l'Est qui ira vers le Deutsche Mark », Helmut Kohl). Après avoir violé le pacte de stabilité, elle s'est dotée d'une règle constitutionnelle d'équilibre budgétaire. Mais elle ne l'a jamais appliquée, cette règle ! Plus généralement, Angela Merkel a pratiqué un double langage pendant quinze ans. À ses partenaires européens, elle a prôné l'austérité et des réformes structurelles. Envers ses électeurs, elle s'est montrée archi-protectrice, a dépensé beaucoup (en profitant notamment de la chute des taux d'intérêt), et n'a jamais rien fait sur les sujets domestiques qui fâchent, remplis de rentes : ni pour la productivité dans les services, ni pour la réforme d'un système financier d'un autre âge. Que nos politiques parisiens se soient montrés si dupes si longtemps en dit long sur leur biais de déférence vis-à-vis de l'Allemagne, biais qui ne favorise pas l'esprit de réforme, les initiatives, l'expérimentation.

Au fond, Paris veut du modèle allemand mais… sans le capitalisme familial, sans les *mini-jobs* et les plombiers polonais, et avec un million de fonctionnaires en plus. On s'étonne ensuite que cela ne marche pas… et la réforme se retrouve tantôt décrédibilisée, tantôt découragée.

Alors, que faire à propos de ce couple moribond ? D'abord de la pédagogie (mais cela fait des années…), et surtout une prise de conscience. C'est Milton Friedman lui-même qui notait que la France, pays jadis grand et fier, ne devait pas se soumettre sur le plan monétaire à un pays qui n'est pas irréprochable. Ensuite, attendre le moment propice pour engager l'épreuve de force. C'est pourquoi de nombreux économistes dont je fais partie espèrent une crise grave en Allemagne depuis des années ; mais, même quand nous sommes exaucés, leur fausse orthodoxie se maintient : la fable du borgne au pays des aveugles, qui continue de plus belle avec le Covid car la croissance est encore pire chez leurs voisins. Peut-être faudrait-il une disruption massive du cœur industriel germanique, le moteur thermique, car l'Allemagne a placé tous ses œufs dans ce panier :

quatre ou cinq Elon Musk plutôt qu'un, et adieu le modèle allemand…

En attendant, il faudrait se préparer un peu à un scénario de blocage par Karlsruhe ou par la Bundesbank, et peut-être d'implosion de l'euro ; pour l'heure, les autorités françaises n'anticipent pas plus sur ce sujet que pour les masques, les lits d'hôpitaux, les tests, les quarantaines, les vaccins et les variants.

La fédéralisation des dettes est une voie surestimée

« Le plan de relance européen ne sera pas payé par les Européens. » – Thierry Breton, juillet 2020

Avant le virus, la Commission européenne, toujours à la hauteur des enjeux, hésitait pour l'Italie entre les notes EDP (procédure pour déficit excessif) et les notes SDP (procédure de déviation significative du déficit). Je vous épargne la litanie des publications ces dernières années sur la « convergence lente mais courageuse vers la règle des 3 % ». Litanie, léthargie, liturgie. Que ce soit la Commission jadis, la BCE de nos jours, ou la CJCE demain, les décideurs européens s'acharnent sur des détails, et enterrent tous les gros sujets qui fâchent en posant un petit pansement Hello Kitty dessus.

Depuis le virus, on repart dans les méga-plans dans le vide. On fait comme les Japonais keynésiens des années 1990, parce qu'on ne veut pas trop mobiliser la BCE ; et on escompte des résultats différents. En 2008, l'*Economic Recovery Plan*, 200 milliards d'euros de dépenses en infrastructures et « secteurs stratégiques » avec pour objectif de créer des « millions d'emplois ». *No comment.* En 2014, l'*Investment Plan for Europe*, dit « plan Juncker », une déferlante de gâchis d'argent public qui visait rien moins que d'« augmenter le PIB de l'Union européenne de 1,3 % d'ici à 2020 ». Même avec un microscope à balayage électronique, on ne voit aucun résultat, en net. Et maintenant, un nouveau plan gloubi-boulga de 750 milliards (sans compter le « *green deal* » en cours), qui mélange allègrement des considérations d'offre de long terme et de soutien à la demande à plus court terme, tout en restant très national dans ses déploiements concrets, et dont la moitié concerne des… prêts. Pas sûr que cela résorbe nos problèmes de dettes ! Ajoutons que, comme d'habitude, les gens proches du pouvoir sont les mieux servis, et qu'il n'y aura aucune évaluation indépendante des effets de tous ces dispositifs, bien entendu.

Autre incompréhension : le sud de l'Europe, depuis l'inversion des flux à la suite de la crise de 2008, n'a pas un problème de manque d'infrastructures matérielles mais un manque de capitaux dans le secteur privé, en particulier dans la nouvelle économie, plus immatérielle. Croire que ces capitaux vont arriver parce que l'on construit une nouvelle route ou un nouveau pont avec des prêts européens est assez naïf. Ils afflueront (peut-être) en cas de dévaluation couplée à des réformes ; ce n'est pas certain, mais pas impossible (qui aurait misé sur un rebond de la Suède au début des années 1990 ?).

Dans ce contexte, la fédéralisation des dettes est une voie très surestimée.

Comme nous l'avons vu, les États-Unis ont bien du mal à maîtriser l'avalanche des déficits ; fabriquer les « États-Unis d'Europe » (pour l'heure, il s'agit d'une grosse Belgique…) ne résoudrait pas le problème, il le déplacerait ; à un niveau certes plus élevé, mais afin de mieux le perdre de vue, et/ou de défragmenter les responsabilités ?

L'objectif est dès le départ chimérique : parce qu'il n'y a pas de fédéralisme fiscal en vue au XXIe siècle (les dépenses fédérales représentent 1,2 % du PIB européen, contre 18 % aux États-Unis… et de plus notre chiffre stagne depuis quarante ans), parce que la formule chamanique « l'Union progresse de crise en crise » ne repose sur rien (on dirait un slogan austro-hongrois vers 1910), parce que les *eurobonds* ne vont pas mécaniquement amener la paix (quelques décennies après la dette américaine mutualisée par Hamilton il y a eu… une guerre civile), parce qu'il est très dangereux d'utiliser une crise comme celle du Covid pour faire avancer un agenda fédéraliste (toutes les élections et notamment les dernières pour le Parlement nous montrent que les gens n'en veulent pas), et surtout parce que nous avons certes désormais des embryons de dettes « européennes », mais que les contribuables pour les assurer restent très prosaïquement nationaux (les ressources propres de l'UE sont très faibles et trop liées au protectionnisme du tarif extérieur commun). Derrière la vitrine « fédéraliste », ce ne sont que des dettes publiques supplémentaires, en plein déluge de dettes publiques. Le marché absorbe bien ces dettes comme les autres (il est avide de sécurité), mais à un tarif standard, non privilégié.

De plus, la mutualisation des dettes mène aux problèmes classiques de l'indivision. Pour un peuple unifié, c'est déjà assez compliqué, une longue lutte d'intérêts entre créanciers et débiteurs ; avec 28 peuples divers, cela devient complexe. Des grincements de dents arriveront, en fait ils sont déjà là. Les suspicions d'aléa moral, de comportements de passager clandestin et de fraudes comptables se renforceront. Et le fait qu'il s'agisse de dettes eurolandaises, ou « *green* » ou rouge à petits pois, ou indexées sur le PIB, ou islamiques, ou perpétuelles, ou à coupon nul, n'y change pas grand-chose : la dette publique est un fardeau, point. Elle devra être couverte par le contribuable futur, à moins qu'elle ne soit achetée puis annulée par le banquier central : ce que nos élites refusent, tout en espérant qu'on y arrivera, cahin-caha (mais sans le dire, et sans trop importuner la BCE).

La notion de « solidarité » par ces dettes mutualisées relève du vœu pieux. Passons déjà sur un point de logique : la solidarité ne consiste pas à charger davantage les plus jeunes, dans un contexte où les dettes nationales sont déjà lourdes. Par une nouvelle strate de dettes labellisées UE, on croit créer une chaîne de solidarité ; nous aurons assurément la chaîne, et même le boulet, mais qu'en sera-t-il de la solidarité ? Ensuite, les *eurobonds* existaient, avant le virus, sous différentes formes (pour les spécialistes : FESF, ESM, BEI...) ; et... ça ne marche jamais. Puisqu'il n'a jamais été vraiment question d'une mutualisation des *stocks* de dettes, juste des *flux*, nous parlons là d'une possible réponse à la crise de 2050 : si l'Union se met à émettre 100 milliards d'euros, la seule dette publique française est 30 fois plus vaste. Enfin, le taux moyen des emprunts d'État des pays de la zone est inchangé avec les *eurobonds*, sa dispersion seule étant réduite. Même la Grèce et le Portugal commençaient à rencontrer des taux d'intérêt négatifs sur les marchés vers 2019. Nous aurions eu besoin d'un marché profond et liquide d'*eurobonds* en 2010 : aujourd'hui, pourquoi pas, mais ce n'est plus le sujet ; émettre de la dette est la chose la moins difficile au monde. Comme toujours, les Européens trouvent une solution à un problème qui a existé mais qui n'existe plus vraiment ; après tout, c'est ce qu'ils avaient déjà fait avec l'euro (une monnaie pour lutter contre l'inflation, lancée quinze années après la chute de l'inflation partout en Occident).

On dit que les premières émissions d'*eurobonds* sont des succès techniques, mais il n'y a rien de pire que de faire bien des choses qu'il ne faudrait pas faire du tout : c'est le syndrome du pont de la rivière Kwaï. Mutualiser un problème ne vaut pas autant que de le faire disparaître : la remise des dettes déjà logées dans le bilan de la BCE est une voie incomparablement supérieure. On ne sort pas par le haut d'une trappe à dettes déflationniste par la génération de nouvelles dettes, mêmes *re-packagées* et *re-brandées* à la sauce européenne.

Souvenez-vous de la Grèce d'octobre 2009, quand le déficit passa subitement de 6 à 13 % du PIB, le tout début de six années de psychodrame en Euroland. Chiffre impressionnant en pourcentage, mais pas du tout en absolu : 16 milliards d'euros (dix fois moins que ce que les Américains dépensent chaque année pour la nourriture de leurs animaux domestiques). Le problème aurait pu, aurait dû être tué dans l'œuf, dans une zone monétaire digne de ce nom et aspirant au fédéralisme ;

cela aurait évité une multiplication par 30 de l'addition. Plutôt que de traiter l'anorexie monétaire globale et de cantonner les titres grecs dans le bilan BCE, les officiels européens ont préféré parler d'une hémorragie fiscale nationale, ce qui permettait de mettre de la moraline un peu partout : les méchants popes qui ne payent pas d'impôt (comme si leurs revenus fonciers pouvaient rapporter grand-chose), les méchants militaires qui coûtent cher (comme si la Grèce, avec son voisin ultra-dangereux, pouvait se permettre de rentrer comme l'Allemagne dans la post-Histoire), les méchants armateurs qui ne payent pas assez d'impôts (comme si, en pleine crise du fret maritime mondial, on pouvait récolter par là beaucoup de matière fiscale).

Avec une dette à 150 % et un taux d'emprunt à 5 % à l'époque, la Grèce devait atteindre une croissance nominale de 7,5 % par an pour rembourser les seuls intérêts (en fait, le pays a perdu un quart de son PIB en cinq ans…). Lui prêter à 4,5 % comme avaient commencé à faire les instances européennes, ce n'était pas de l'aide proto-fédérale, mais plutôt de la strangulation. Sur les 450 milliards d'euros de l'ensemble des plans de sauvetage, seule une toute petite fraction est entrée dans l'économie. Il s'agissait plutôt d'une opération visant à permettre aux banques eurolandaises de se dégager en limitant leurs pertes, et aux banques grecques d'être recapitalisées aux frais du Trésor public, et à la BCE de renforcer son emprise (elle a obtenu notamment dans la foulée la supervision du secteur bancaire eurolandais).

« Mais les Grecs n'auraient pas remboursé cette aide » : et alors ? Le « fédéralisme », c'est justement donner de l'argent qu'on ne vous rembourse pas. La République allemande très fédérale devrait le savoir. Est-ce que l'on parle d'un remboursement de la Louisiane auprès de Washington après des transferts liés à une crise ou à un cyclone ? Et est-ce que l'on parle de « compétitivité » et de « dettes externes » entre le Michigan et l'Indiana ? La nature même des débats européens, des Allemands obsédés par les balances « Target 2 » jusqu'aux Français obnubilés par leur cagnotte dans la PAC, montre que le fédéralisme est chimérique. Par rapport à cette période de crise de chantages aux dettes par la BCE, la décence est un peu revenue, mais les mentalités ne sont pas prêtes pour le fédéralisme : et toute la séquence de la crise Covid en atteste une nouvelle fois, de la suspension de Schengen en panique et de l'absence totale de coordination sanitaire à toutes les étapes jusqu'au « plan de relance » qui met deux ans à se lancer et qui n'a d'européen que le nom.

UN NOUVEAU CONTRAT POUR MODÉRER L'ÉCONOMIE D'ENDETTEMENT À SA SOURCE

La remise des dettes consiste un peu à jouer aux pompiers : c'est très nécessaire, mais le mieux serait de créer des dispositifs pour que le feu ne prenne pas trop, au départ. Si on laisse les dettes s'accumuler plus vite que l'activité nominale, les créanciers pousseront encore plus pour un ordre déflationniste, et les débiteurs réclameront de plus en plus violemment de l'inflation. Tout l'art ici est de limiter les dettes privées sans tomber dans la définanciarisation radicale de l'économie qui amuserait certains mais qui coûterait sans doute cher à la collectivité, ne serait-ce qu'au cours de la transition. Et de séparer monnaie et crédit, ne serait-ce que pour une imputation claire des responsabilités, pour l'évaluation. Le créditisme à la petite semaine nous fait beaucoup de mal depuis 2007, et plus encore depuis la crise Covid où il s'est déchaîné sans limites.

Réhabiliter l'épargne longue et risquée

L'idée d'une épargne « excédentaire » est un mythe qu'un étrange unanimisme entretient : compte tenu de la montagne de dettes privées et publiques que nous devons déjà gérer, et compte tenu de l'avalanche prochaine d'engagements que nous n'avons pas provisionnés, l'épargne existante n'est pas du tout suffisante, en particulier l'épargne longue et risquée. Il faudrait traiter cette épargne comme un bien public, et non plus comme un vice privé. Cela suppose de ne pas tuer ce qui marche bien, l'assurance-vie, et de ne pas empêcher ce qui pourrait marcher, des fonds de pension à la française. Là encore, l'abaissement des contraintes réglementaires et fiscales et l'abaissement des taux d'actualisation sont indispensables.

Travailler sur les incitations : réduire le biais fiscal en faveur du financement par endettement

S'il y a trop de dettes, alors il y a trop de créanciers. Et si on ne veut pas pénaliser l'investissement, il faut trouver un autre canal de financement. À grande échelle, il n'y en a qu'un autre : l'*equity*. Les fonds propres, les actions.

Depuis vingt ans en Occident, on observe des émissions nettes *négatives* pour les actions ; la Bourse ne finance plus les entreprises, ces dernières rachètent leur capital. C'est une anomalie totale, malthusienne. Elles passent par les dettes en raison d'une cause perverse, non économique : tous les systèmes fiscaux favorisent très fortement l'endettement par rapport au financement par fonds propres. Notre addiction pour la dette découle de cette structure des incitations[26], qu'il faut changer.

Les fonds propres sont la forme naturelle du financement de l'investissement et de la prise de risque. Ils devraient être préférés par les investisseurs disposant de l'horizon de temps nécessaire. La fiscalité devrait être soit neutre, soit plus favorable aux fonds propres, contrairement à ce qui est le cas aujourd'hui partout en Occident (en France en particulier). Imaginez si le gros des investissements avait été financé autrement depuis trente ans : les crises ne seraient pas advenues. Les entreprises américaines peuvent déduire le paiement des intérêts sur les obligations, mais les dividendes des actions sont imposés à la fois au niveau des entreprises et des particuliers (double peine) ; le coût après impôt du financement par la dette est environ trois fois plus faible que le coût après impôt du financement

26. L'immobilier américain avant 2006 n'aurait jamais pris les proportions que l'on sait si les propriétaires n'avaient pas pu déduire les intérêts de leurs emprunts hypothécaires de leurs impôts. Martin Feldstein, octobre 2007 : « Où ailleurs un ménage moyen états-unien aurait-il pu trouver un actif s'appréciant au rythme de 9 % par an, alors même qu'il peut en financer l'achat à 80 % par un crédit hypothécaire avec un taux d'intérêt de 6 % déductible des impôts, ce qui signifie un rendement annuel de plus de 25 % ? »

par actions, l'incitation est très nette et en particulier pour les firmes financières qui peuvent puiser dans les dépôts. C'est l'une des grandes déceptions du paquet fiscal des années Trump, qui n'a pas égalisé le traitement : les intérêts peuvent toujours être déduits mais pas les dividendes.

Dans une logique à la Rueff que nous avons vue sur les faux droits, il serait cohérent de mettre fin au biais fiscal (en limitant mieux la déductibilité des intérêts d'emprunt), et de façon plus générale d'encourager la propriété sur la créance, la responsabilité sur la cavalerie. D'où :

Une sortie par le haut : le distributisme, la participation

Le drame de notre système économique ne vient pas du capitalisme mais du trop faible nombre de capitalistes. Tant que nous resterons quasi exclusivement dans le salariat, la tentation sera forte de ne pas se focaliser sur les gains de productivité et de téléporter des charges vers le futur, par désalignement des intérêts. Si le slogan n'avait pas été dévoyé jadis pour alimenter une bulle immobilière, je dirais qu'il nous faut une « société de propriétaires » ; avec des médias capitalistes et rentables, pas trop subventionnés par l'État et par une demi-douzaine d'oligarques.

À Paris et à Berlin, nos Diafoirus voudraient au contraire faire reconnaître l'entreprise comme une entité juridique séparée de ses actionnaires. Pas étonnant : il y a moins de boîtes cotées en Allemagne qu'en

Malaisie, et les Français n'ont privatisé à partir des années 1980 que pour des raisons inavouables (trouver de l'argent en urgence pour financer des dépenses courantes, ne pas être complètement ringardisés par la place de Londres, et doper le pouvoir d'achat d'un certain nombre d'énarques téléguidés directement dans les comités de direction). Je crois qu'il faut procéder précisément dans l'autre sens : renforcer l'actionnaire, par tous les moyens. Trop de grosses entreprises ne sont plus que des bureaucraties, qui vendent de temps en temps des produits pour équilibrer leurs comptes, qui ne s'intéressent en fait qu'au bien-être des managers. La productivité est forcément limitée quand domine un esprit « Ce n'est pas notre argent » : ce qui explique en partie le paradoxe d'une France bénéficiant de tous les outils numériques mondiaux, mais de plus en plus incapable de générer des gains de productivité, autrement dit des gains de pouvoir d'achat qui ne viendraient ni de la Chine ni de la redistribution.

Si les dirigeants des entreprises recourent à la dette, c'est souvent parce que ce sont des *managers*, pour ne pas dire des salariés de luxe, des bureaucrates : ils émettent des obligations pour « tester le marché », pour acheter des concurrents car ils croient au *big is beautiful* (encouragés en cela par les banquiers d'affaires), ou parce que c'est fiscalement avantageux, ils émettent car ils seront déjà partis quand il s'agira de rembourser, ils émettent pour racheter leurs propres actions, ou en raison de l'impératif institutionnel, etc. S'ils émettaient pour investir, nous le verrions dans un surcroît d'investissement à l'échelle macroéconomique, précisément ce que l'on ne voit plus depuis des années. Même Apple, qui est une incroyable machine à générer des profits, trouve le moyen de s'endetter (entre 2012 et 2016, elle a contracté pour 113 milliards de dollars de dettes).

La dette qui était il y a quelques décennies une solution pour accélérer le temps est devenu le plus souvent un cancer. Et à chaque crise, on ajoute de nouvelles formes de dettes, fédérales, vertes, hybrides, sécurisées, islamiques, sociales, etc.

On ne peut pas tout changer dans ce système qui marche sur la tête, alors que faire ? Avec une vraie participation, on limiterait les faux prix, on motiverait les gens. De nos jours, non seulement la croissance est faible, mais en plus elle est devenue un « sport de spectateur ». Dans une veine large et distributiste, on pourrait imaginer que chaque citoyen adulte reçoive une part de la croissance du PIB annuel. Cela supposerait de trouver des financements à grande échelle, mais on pourrait commencer petit, quelques centaines d'euros par citoyen et par an, en visant une cible de long terme de 10 à 20 points de PIB : comparativement aux *eurobonds*, ce n'est pas interdit, ce n'est pas beaucoup plus cher, et ça rapporte plus, si l'on croit que la motivation est au cœur de l'économie, et que la motivation est très liée à la propriété. Cela « alignerait les intérêts », comme on dit de nos jours, et il existe des précédents historiques : aux États-Unis, avec les *Homestead Acts* qui attribuaient des terres (et qui sont au cœur de l'imaginaire américain) ; en France, avec la participation gaulliste, qui était en avance sur son temps et qu'il faut juste adapter au XXIe siècle. Mais pas avec des mesurettes sur le renforcement à la marge de l'intéressement pour quelques cadres supérieurs. Des parts de société, pour tous.

Un vaste échange *debt/equity*, à l'échelle macro-économique, constituerait une solution stimulante. Des créances convertibles en capital par exemple. Et comme tout cela coûtera un bras : un *new deal* avec les entreprises, à base de désarmement réglementaire, d'élimination des impôts de production ; et l'aide de la politique monétaire ne sera pas de refus.

Conclusion

« D'abord, comment va-t-il ?
— Il va très bien.
— Il est heureux ?
— Il est libre.
— C'est différent ?
— C'est l'étage au-dessus. »
Félicien Marceau

La remise des dettes neutraliserait l'épée désormais au-dessus de toutes nos têtes. Car ils instrumentalisent la dette : pour changer les institutions, pour donner des leçons, pour diriger les banques commerciales en mode « injonctions contradictoires » (nous vous prêtons à moins de 0 %, mais attention à ne pas trop prêter quand même), pour transformer nos politiques en comptables, etc. La dette est trop souvent traitée comme une idole sacrée, un tabou ou un totem. Nous avons déjà eu un avant-goût au cours d'une décennie en zone euro où les dettes métastasées n'ont pas été perdues pour tout le monde : l'Italie n'est pas sortie de l'encéphalogramme plat, mais certains ont fait de l'argent sur sa dette et d'autres ont capitalisé sur sa vulnérabilité pour faire progresser leur pouvoir (comme le notait avec délicatesse Joseph Jackson, père de la star défunte, trois semaines après les obsèques : « Michael rapporte plus mort que vivant »). Militer pour la remise des dettes est donc **un combat pour la liberté au moins autant qu'une affaire de macroéconomie** ; le service de la dette nous fait plus de mal par les libertés qu'il nous ôte que par les ressources dont il nous prive. Après tout, le capitalisme n'a pu s'épanouir qu'après la dépénalisation de la dette, quand on a remplacé la prison pour dettes par la responsabilité limitée.

Dans cette crise qui n'en finit pas d'être derrière nous depuis 2008, les autorités vont dans l'autre sens. Elles organisent plus ou moins bien la circulation du mistigri : les dettes passent du bilan des banques au bilan de l'État (Islande, Irlande, Royaume-Uni), du bilan des ménages et des entreprises au bilan de l'État (États-Unis), puis du bilan de l'État au bilan des agents économiques (politiques de rigueur) ou de la banque centrale (QE). Transférer autant de dettes sans collatéraux n'est pas une mince affaire, je ne voudrais pas avoir l'air d'être condescendant. Mais l'énergie déployée pour une telle entreprise est énorme, les malentendus nombreux, sans compter que le problème n'a pas été résolu, tout au contraire. La trajectoire monétaire, budgétaire et financière que nous suivons (une forme de déflation par la dette) est insoutenable, insensée et injuste. Elle n'est même pas bonne pour ceux qui tiennent le système, englués dans des taux d'intérêt qu'ils ne comprennent pas ou obligés d'arroser budgétairement devant la menace des poussées populistes. Et on nous raconte que la remise des dettes serait *trop sale*, alors que des décisions cruciales, pas propres du tout, sont prises en catimini tous les jours par quelques personnes non élues et non contrôlées.

Beaucoup de gens sont pour la remise des dettes mais à condition qu'elle ne se fasse pas : une idée pure, théorique et religieuse, sympathique mais hors d'atteinte, *de facto* réservée au tiers-monde à travers les restructurations du Club de Paris. Même le Vatican reste extrêmement prudent sur ce thème où il dispose pourtant d'une antériorité fabuleuse, d'une expertise véritable, et d'une légitimité très utile auprès des décideurs allemands qui se disent encore démocrates-chrétiens. On réserve donc cette voie aux pays les plus pauvres, ceux qui justement ne peuvent pas opérer la remise proprement et massivement *via* une banque centrale crédible sur fond d'inflation faible. De sorte qu'on en fait un thème de solidarité, là où il en va de notre intérêt bien compris d'agir ; un sujet d'initiative personnelle, là où l'on parle de macroéconomie ; et un sujet d'aventurisme institutionnel, là où il s'agit justement de rétablir un équilibre après des années de surpuissance inefficace et antidémocratique des banquiers centraux.

Nous aurions bien besoin d'un mécanisme monétaire pour relâcher la pression, pour redonner une marge de sécurité, pour apurer les créances. Nous manquons de soupapes, piégés en zone euro dans un ordre monétaire très fixiste, alors même qu'il s'agit d'une zone où les rigidités sur les marchés du travail sont déjà les plus fortes au monde.

La BCE n'a pas la moindre envie de creuser un gros trou dans son bilan, il va falloir la forcer un peu ; mais à long terme, une fois la blessure d'ego passée, l'opération sera rentable, d'autant que la perte dont il est question ici n'est pas du « vrai argent » apte à circuler : ce sont des actifs inactifs, des séquelles.

De toute façon, la dette ne peut pas progresser plus vite que l'économie indéfiniment. Ne pas remettre les dettes est une impasse totale, un mouroir civilisationnel. La remise n'est certes pas un *free lunch* ; je ne l'aurais jamais recommandée ni même envisagée il y a quinze ans ; elle comporte des risques, suppose une détermination que l'on n'a plus vue en Europe continentale depuis fort longtemps, oblige à réinventer les politiques monétaires et budgétaires, suppose un combat frontal avec nos maîtres les banquiers centraux indépendants. Mais si on peut éliminer une large fraction de ces dettes inutiles sans enclencher une peste bubonique, il faudrait vraiment une très bonne raison pour ne pas le faire. Nous avons étudié toutes les objections, elles ne passent pas la barre de la nocivité du *statu quo*. La remise évite le spectre du défaut, de la japonisation ou des chantages comme le spectre de la hausse des impôts ; le seul acteur perdant est le banquier central séparatiste, qui de toute façon devait être remis à sa place.

Il faut trouver une autre voie que la voie budgétaire très (trop) mobilisée depuis des années et en particulier depuis le Covid ; un égout collecteur des droits non gagnés, des fausses créances, pour sortir du piège des dettes sans collatéraux. Sinon, d'autres voies de plus en plus malthusiennes seront envisagées : la décroissance (c'est-à-dire, à terme, le défaut), le pikettysme (la recherche d'un trésor caché), le protectionnisme (une voie agonistique qui n'est pas disponible pour un pays spécialisé dans l'aéronautique et les produits de luxe).

Les dettes surnuméraires doivent donc être remises, pas seulement cantonnées : parce que la vie doit continuer. *Primum vivere*. Primat du futur, de la vie concrète et dynamique, sur le contrat passé ; *a fortiori* quand ce contrat n'est qu'un équilibre comptable assez fictionnel, pour une institution qui peut s'en affranchir pendant des années. Les forces productives redeviendraient alors prioritaires, après une séquence 2020-2022 où elles ne l'ont pas souvent été.

Bibliographie

BUITER Willem H., « Can Central Banks Go Broke? », *CEPR Policy Insight*, n° 24, mai 2008.

EDWARDS Sebastian, *American Default – The Untold Story of FDR, the Supreme Court, and the Battle over Gold*, Princeton University Press, 2018.

DE SANTO Hernando, *Le Mystère du capital*, Flammarion, 2003.

GOETZMANN Nicolas, *Sortir l'Europe de la crise : le modèle japonais*, coédition Eyrolles & Atlantico, 2013.

RUEFF Jacques, *Le Péché monétaire de l'Occident*, Plon, 1971.

RUEFF Jacques, « Souvenirs et réflexions sur l'âge de l'inflation », conférence prononcée au Centre universitaire méditerranéen, à Nice, le 13 février 1956 (disponible sur la page personnelle de Hervé de Quengo).

THORIS Gérard, « De la crise des collatéraux à la remise des dettes publiques », *Revue d'économie financière*, n° 100, décembre 2010, p. 43-67.

THORIS Gérard, « Le remboursement des dettes publiques, une "relique barbare" ? », *Revue française des finances publiques*, n° 117, février 2012, p. 277-280.

VINCENT Jean-Philippe, « Violence de l'euro, violence de la monnaie », *Le Figaro*, 17 décembre 2007.

PEFC
10-31-3068

Certifié PEFC

Ce produit est issu de forêts gérées durablement et de sources contrôlées.

pefc-france.org

Dépôt légal : avril 2023
Imprimé en France par CPI - Firmin-Didot
N° d'impression : 173950